Georg Schönfeld
Eugen Schönfeld

AF221907

Unterhaltsame mathematische Denksportaufgaben

Aufgaben und Lösungen

Georg Schönfeld
Eugen Schönfeld

Unterhaltsame mathematische Denksportaufgaben

Aufgaben und Lösungen

Impressum

FSC
www.fsc.org
MIX
Papier aus ver-
antwortungsvollen
Quellen
Paper from
responsible sources
FSC® C105338

Bibliografische Information der Deutschen Nationalbibliothek:

Die Deutsche Nationalbibliothek verzeichnet diese Publikation in der Deutschen Nationalbibliografie; detaillierte bibliografische Daten sind im Internet über http://dnb.dnb.de abrufbar.

Im Buch verwendeten Grafiken sind zur freien Verwendung von publicdomainvectors.org bereitgestellt.

Herstellung und Verlag: BoD – Books on Demand, Norderstedt

ISBN: 978-3-7534-9214-8

www.matematika.de / info@matematika.de

Vorwort

In diesem Buch finden sich 135 unterhaltsame bekannte und viele neue Rätselaufgaben mit Lösungen. Die Rätsel richten sich an Schüler und Erwachsene, die bei der Lösung ihr mathematisches Hintergrundwissen trainieren möchten.

Für die Lösung einiger der Denksportaufgaben reicht manchmal schon der gesunde Menschenverstand, aber oft braucht man Grundkenntnisse in Arithmetik und Algebra.

Die mathematischen Rätsel verteilen sich auf 11 Kapitel in den Bereichen: Unterhaltung mit Zahlen, logisches Denken und Lebensgeschichten, Alters- und Geldberechnungen, Abmessen von Flüssigkeiten mit Umfüllung, Reiseaufgaben, Erraten gedachter Zahlen, Zahlenrätsel und Berechnung der Uhrzeigerposition. Das letzte Kapitel widmet sich den Zauberzahlen. Es ist eine Sammlung von Zahlenkompositionen, die die Schönheit der Mathematik darstellt.

Die Lösungen befinden sich jeweils am Ende eines Kapitels.

Bei der Lösung vieler Textaufgaben ist es sinnvoll, die Aufgabe zunächst mathematisch zu formulieren und anschließend mit der Lösung zu starten. Das ist besonders wichtig für Schüler der höheren Klassen zur Lösung von Aufgaben mit linearen Gleichungssystemen.

Das schönste an mathematischen Rätseln ist der Moment, an dem der richtige Einfall kommt, welcher den Weg zur mathematischen Lösung ebnet.

Georg und Eugen Schönfeld
Karlsruhe, 2021

"Die Mathematik als Fachgebiet ist so ernst, dass man keine Gelegenheit versäumen sollte, sie etwas unterhaltsamer zu gestalten"

Blaise Pascal (1623 – 1662)
französischer Naturwissenschaftler,
Begründer der Wahrscheinlichkeitsrechnung

Inhaltverzeichnis

X

XI

1 Unterhaltung mit Zahlen

Es gibt eine Reihe unterhaltsamer Aufgaben mit Zahlen, bei Lösung derer man sich den Kopf zerbrechen muss, dabei aber viel Spaß hat.

Mit Hilfe einer gegebenen Ziffer, der vier Symbole der Grundrechenarten Addition (+), Subtraktion (–), Multiplikation (*), Division (:) und manchmal anderer mathematischer Symbole, sollen möglichst viele Zahlen dargestellt werden. Die Punkt-vor-Strich-Regel gilt immer.

Die Zahl 15 aus der gegebenen Ziffer 4 kann man darstellen als:

$$15 = 4 * 4 - 4 : 4 \quad \text{oder} \quad 15 = 44 : 4 + 4$$

1

Es gibt oft mehrere Lösungen für die Aufgaben. Für einige Aufgaben ist es interessant, mehrere Lösungsmöglichkeiten zu finden.

Aufgaben

1. Die Zahlen aus Ziffer 1

Bilden Sie mit Hilfe der Ziffer 1 unter der Bedingung, sie fünfmal zu verwenden und die vier arithmetischen Grundrechenarten benutzen, die Zahlen: 0, 1, 2, 10, 22, 100, 110, 120.

2. - 5. Die Zahlen aus Ziffer 2

2. Bilden Sie mit Hilfe der Ziffer 2 unter der Bedingung, sie unbedingt dreimal zu verwenden und die vier arithmetischen Grundrechenarten mit Klammern zu benutzen, die Zahlen: 0, 1, 2, 3.

3. Bilden Sie mit Hilfe der Ziffer 2 unter der Bedingung, sie unbedingt viermal zu verwenden und die vier arithmetischen Grundrechenarten mit Klammern zu benutzen, alle ganzen Zahlen: 0, 1, 2, 3, 4, 5, 6, 8, 9, 10, 12, 13 und 111.

4. Bilden Sie mit Hilfe der Ziffer 2 unter der Bedingung, sie unbedingt fünfmal zu verwenden und der vier arithmetischen Grundrechenarten mit Klammern zu benutzen, alle ganzen Zahlen von 1 bis 26.

5. Setzen Sie die arithmetischen Zeichen und Klammern in sieben nacheinander geschriebenen Ziffern 2 so ein, dass daraus folgendes Ergebnis entsteht: 10, 50, 100.

6. - 7. Die Zahlen aus Ziffer 3

6. Bilden Sie mit Hilfe der Ziffer 3 unter der Bedingung, sie unbedingt fünfmal zu verwenden und die vier arithmetischen Grundrechenarten mit Klammern zu benutzen, die Zahlen: 2, 3, 4, 6, 8, 20, 31, 100 und 300.

7. Bilden Sie mit Hilfe der Ziffer 3 unter der Bedingung, sie unbedingt sechsmal zu verwenden und die vier arithmetischen Grundrechenarten mit Klammern zu benutzen, die Zahlen 10 und 100.

8. Die Zahlen aus Ziffer 4

Bilden Sie mit Hilfe der Ziffer 4 unter der Bedingung, sie unbedingt viermal zu verwenden und die vier arithmetischen Grundrechenarten mit Klammern zu benutzen, alle ganzen Zahlen von 1 bis 10.

9. - 11. Die Zahlen aus Ziffer 5

9. Bilden Sie mit Hilfe der Ziffer 5 unter der Bedingung, sie unbedingt dreimal zu verwenden und die vier arithmetischen Grundrechenarten mit Klammern zu benutzen, die Zahlen: 0, 2, 4 und 5.

10. Bilden Sie mit Hilfe der Ziffer 5 unter der Bedingung, sie unbedingt viermal zu verwenden und der vier arithmetischen Grundrechenarten mit Klammern zu benutzen, die Zahlen: 1, 2, 3, 5, 6, 7, 9, 10, 20 und 30.

11. Bilden Sie mit Hilfe der Ziffer 5 unter der Bedingung, sie unbedingt fünfmal zu verwenden und die vier arithmetischen

Grundrechenarten mit Klammern zu benutzen, die Zahlen: 1, 8, 20, 31 und 100.

12. Die Zahlen aus Ziffer 6

Bilden Sie mit Hilfe der Ziffer 6 unter der Bedingung, sie unbedingt fünfmal zu verwenden und die vier arithmetischen Grundrechenarten mit Klammern zu benutzen, die Zahlen: 1, 3, 5, 7, 9, 11.

13. - 14. Die Zahlen aus Ziffer 8

13. Setzen Sie zwischen einige von sieben nacheinander geschriebenen 8-Ziffern vier arithmetische Zeichen mit Klammern so ein, dass die Summe gleich 100 ist.

14. Setzen Sie zwischen einige von acht nacheinander geschriebenen 8-Ziffern das arithmetische Zeichen „+" viermal so ein, dass die Summe gleich 1000 ist.

15. Die Zahlen aus Ziffer 9

Bilden Sie mit Hilfe der Ziffer 9 unter der Bedingung, sie unbedingt viermal bzw. sechsmal zu verwenden und die vier arithmetischen Grundrechenarten mit Klammern zu benutzen, die Zahl 100.

16. - 17. Volle Hundert

16. Setzen Sie das arithmetische Zeichen (+) in die gegebene Reihenfolge 1 2 3 4 5 6 7 so ein, dass die Summe gleich 100 ist.

17. Setzen Sie in der gegebene Reihenfolge 1 2 3 4 5 6 7 8 9 vier arithmetische Zeichen mit Klammern so ein, dass die Summe gleich 100 ist.

18. Die Zahl 99

Wie setzt man die vier arithmetischen Zeichen in der gegebenen Reihenfolge 9 8 7 6 5 4 3 2 1 so ein, dass die Summe 99 ist?

19. Die Zahl, die beim Dividieren einen Rest 1 ergibt

Finden Sie die kleinste Zahl, die beim Dividieren durch 2, 3, 4, 5, 6 und 7 immer einen Rest von 1 ergibt!

20. Die Zahl, die beim Dividieren unterschiedlichen Rest ergibt

Finden Sie die kleinste Zahl, die beim Dividieren nacheinander durch 2 einen Rest 1 ergibt, durch 3 einen Rest 2 ergibt, durch 4 einen Rest 3 ergibt, durch 5 einen Rest 4 ergibt und durch 6 einen Rest 5 ergibt.

21. Die Zahl 45 in vier Summanden zerlegen

Zerlegen Sie die Zahl 45 so in vier Summanden, dass das Vermehrte mit 2 des ersten Summanden, das Verminderte mit 2 des zweiten Summanden, das Doppelte des dritten Summanden und die Hälfte des vierten Summanden gleich sind. Bestimmen Sie nacheinander die vier Summanden!

22. Die Zahl 111111111

Wenn man die Zahl 12345679 mit 9 multipliziert, dann bekommt man das Produkt 111111111 (überprüfen Sie das). Mit welcher Zahl muss man die Zahl 12345679 multiplizieren, dass das Produkt nur aus neun 5-Ziffern (bzw. 7-, 9-Ziffern) besteht?

23. Ein 3*3 magisches Quadrat

Ein magisches Quadrat ist ein Zahlenquadrat, in dem sich die Zahlen jeder Zeile, Spalte und Diagonale zur gleichen Gesamtsumme addieren lassen.

Setzen Sie die ersten neun ungerade Zahlen 1, 3, 5, 7, 9, 11, 13, 15 und 17 so in die Zellen eines 3*3 Quadrats mit drei Zeilen und drei Spalten ein, dass die Summe der Zahlen einer jeden Zeile, Spalte und Diagonalen gleich 27 ist.

24. Ein 4*4 magisches Quadrat

Setzen Sie die Zahlen 1, 2, 3, 4, 5, 6, 7, 8, 9, 10, 11, 12, 13, 14, 15 und 16 so in die Zellen eines 4*4 Quadrats mit vier Zeilen und vier Spalten ein, dass die Summe der Zahlen einer jeden Zeile, Spalte und Diagonalen gleich 34 ist.

Hier ist Interessant, dass die vier Zahlen in jeder Ecke und im Zentrum auch die Summe 34 bilden.

Setzen Sie die ungerade Zahlen 1, 3, 5, 7, 9, 11, 13, 15, 17, 19, 21, 23, 25, 27, 29 und 31 so in die Zellen eines 4*4 Quadrats mit vier Zeilen und vier Spalten ein, dass die Summe der Zahlen einer jeden Zeile, Spalte und Diagonalen gleich 64 ist.

Lösungen

1. Die Zahlen aus Ziffer 1

$11 : 11 - 1 = 0$ $11 : 11 * 1 = 1$

$11 : 11 + 1 = 2$ $11 * 1 * 1 - 1 = 10$

$11 * 1 + 11 = 22$ $111 - 11 = 100$

$111 * 1 - 1 = 110$ $11 * 11 - 1 = 120$

2. Die Zahlen aus dreimal Ziffer 2

$(2 - 2) * 2 = 0$ $2 - (2 : 2) = 1$

$(2 * 2) - 2 = 2$ $(2 : 2) + 2 = 3$

3. Die Zahlen aus viermal Ziffer 2

$(2 * 2) - (2 * 2) = 0$ $(2 + 2) : (2 + 2) = 1$

$(2 : 2) + (2 : 2) = 2$ $(2 * 2) - (2 : 2) = 3$

$(2 * 2) * (2 : 2) = 4$ $(2 * 2) + (2 : 2) = 5$

$(2 * 2 * 2) - 2 = 6$ $(2 * 2) + (2 * 2) = 8$

$(22 : 2) - 2 = 9$ $(22 - 2) : 2 = 10$

$(22 + 2) : 2 = 12$ $(22 : 2) + 2 = 13$

$222 : 2 = 111$

4. Die Zahlen aus fünfmal Ziffer 2

$(2 : 2) * 2 - (2 : 2) = 1$ $2 + 2 + 2 - 2 - 2) = 2$

$$2 + 2 - 2 + (2 : 2) = 3 \qquad (2 : 2) + (2 : 2) + 2 = 4$$

$$(2 + 2) - (2 : 2) + 2 = 5 \qquad 2 + 2 + 2 + 2 - 2 = 6$$

$$(2 * 2) + (2 : 2) + 2) = 7 \qquad (2 * 2 * 2) + 2 - 2 = 8$$

$$(2 * 2 * 2) + (2 : 2) = 9 \qquad 2 + 2 + 2 + 2 + 2 = 10$$

$$(22 : 2) + 2 - 2 = 11 \qquad (22 : 2) + (2 : 2) = 12$$

$$(22 + 2 + 2) : 2 = 13 \qquad (22 + 2) : 2 + 2 = 14$$

$$(22 : 2) + 2 + 2 = 15 \qquad 22 - 2 - 2 - 2 = 16$$

Für 17 keine Lösung $\qquad 2 * 2 * 2 * 2 + 2 = 18$

$$22 - 2 - (2 : 2) = 19 \qquad 22 + 2 - 2 - 2 = 20$$

$$22 - 2 + (2 : 2) = 21 \qquad 22 - (2 * (2 - 2)) = 22$$

$$22 + 2 - (2 : 2) = 23 \qquad 22 + 2 + 2 - 2 = 24$$

$$22 + 2 + (2 : 2) = 25 \qquad (22 : 2 + 2) * 2 = 26$$

5. Die Zahlen aus siebenmal Ziffer 2

$$2 + 2 + 2 + 2 + 2 + 2 - 2 = 10$$

$$2\,2 + 22 + 2 + 2 + 2 = 50$$

$$222 - 22 + 2 - 2 = 100$$

6. Die Zahlen aus fünfmal Ziffer 3

$$(33 : 3) - (3 * 3) = 2 \qquad (33 : 33) * 3 = 3$$

$$(33 + 3) : (3 * 3) = 4 \qquad (33 + 3) : (3 + 3) = 6$$

$$(33 - (3 * 3)) : 3 = 8 \qquad (33 : 3) + (3 * 3) = 20$$

8

$$33 - 3 + (3 : 3) = 31 \qquad 33 * 3 + (3 : 3) = 100$$

$$333 - 33 = 300$$

7. Die Zahlen aus sechsmal Ziffer 3

$$(33 : 33) + (3 * 3) = 10$$

$$(333 - 33) : 3 = 100$$

8. Die Zahlen aus viermal Ziffer 4

$$(4 + 4) : (4 + 4) = 1 \qquad (4 : 4) + (4 : 4) = 2$$

$$(4 + 4 + 4) : 4 = 3 \qquad 4 + (4 - 4) * 4 = 4$$

$$(4 * 4 + 4) : 4 = 5 \qquad (4 + 4) : 4 + 4 = 6$$

$$4 + 4 - (4 : 4) = 7 \qquad (4 + 4) * (4 : 4) = 8$$

$$4 + 4 + (4 : 4) = 9 \qquad (44 - 4) : 4 = 10$$

9. Die Zahlen aus dreimal Ziffer 5

$$(5 - 5) * 5 = 0 \qquad (5 + 5) : 5 = 2$$

$$5 - (5 : 5) = 4 \qquad (5 * 5) : 5 = 5$$

10. Die Zahlen aus viermal Ziffer 5

$$(5 + 5) : (5 + 5) = 1 \qquad (5 : 5) + (5 : 5) = 2$$

$$(5 + 5 + 5) : 5 = 3 \qquad 5 + (5 - 5) * 5 = 5$$

$$(5 * 5 + 5) : 5 = 6 \qquad (5 + 5) : 5 + 5 = 7$$

$$5 + 5 - (5 : 5) = 9 \qquad 5 + 5 + 5 - 5 = 10$$

$(5 - 5 : 5) * 5 = 20$ $(5 : 5 + 5) * 5 = 30$

11. Die Zahlen aus fünfmal Ziffer 5

$5 - (5 * 5 - 5) : 5 = 1$ $5 + (5 + 5 + 5) : 5 = 8$

$5 * (5 * 5 - 5) : 5 = 20$ $5 * 5 + 5 + (5 : 5) = 31$

$5 * 5 * 5 - (5 * 5) = 100$

12. Die Zahlen aus fünfmal Ziffer 6

$6 - (6 * 6 - 6) : 6 = 1$ $6 - (6 + 6 + 6) : 6 = 3$

$6 - (6 + 6 - 6) : 6 = 5$ $6 + (6 + 6 - 6) : 6 = 7$

$6 + (6 + 6 + 6) : 6 = 9$ $66 : 6 + 6 - 6 = 11$

13. Die Zahlen aus siebenmal Ziffer 8

$88 + 8 + 8 : ((8 + 8) : 8) = 100$

$88 + (88 : 8) + (8 : 8) = 100$

14. Die Zahlen aus achtmal Ziffer 8

$888 + 88 + 8 + 8 + 8 = 1000$

15. Die Zahlen aus viermal (bzw. sechsmal) Ziffer 9

$99 + (9 : 9) = 100$

$99 + (99 : 99) = 100$

16. Volle Hundert

$1 + 2 + 34 + 56 + 7 = 100$

17. Die Zahl 100

$1 + 2 + 3 + 4 + 5 + 6 + 7 + (8 * 9) = 100$

$1 + 2 + 34 - 5 + 67 - 8 + 9 = 100$

$12 + 3 - 4 + 5 + 67 + 8 + 9 = 100$

$123 - 4 - 5 - 6 - 7 + 8 - 9 = 100$

$123 + 4 - 5 + 67 - 89 = 100$

$123 + 45 - 67 + 8 - 9 = 100$

$123 - 45 - 67 + 89 = 100$

$1 * (2 + 3) * 4 * 5 + 6 - 7 - 8 + 9 = 100$

$1 * 2 * 3 - (4 * 5) + (6 * 7) + (8 * 9) = 100$

18. Die Zahl 99

$9 - 8 - 7 + 65 + 43 - 2 - 1 = 99$

$9 + 8 + 7 + 65 + 4 + 3 + 2 + 1 = 99$

$9 + 87 - 6 - 5 - 4 - 3 + 21 = 99$

19. Die Zahl, die beim Dividieren einen Rest 1 ergibt

Das kleinste gemeinsame Vielfache (kgV) der Zahlen 2, 3, 4, 5, 6, 7 ist: kgV = $2 * 3 * 2 * 5 * 7 = 420$

Die kleinste Zahl ist: $420 + 1 = 421$

20. Die Zahl, die beim Dividieren unterschiedlichen Rest ergibt

Das kleinste gemeinsame Vielfache der Zahlen 2, 3, 4, 5, 6 ist:
kgV = 2 * 3 * 2 * 5 = 60

Die kleinste Zahl ist: 60 - 1 = 59

21. Die Zahl 45 in vier Summanden zerlegen

Bezeichnen wir die vier Summanden mit x, y, z und s. Dann ergeben sich aus der Aufgabenstellung folgende Gleichungen:

$$x + y + z + s = 45$$
$$x + 2 = y - 2$$
$$y - 2 = 2z$$
$$2z = \frac{1}{2} * s$$

Aus der 2., 3., und 4. Gleichung bekommt man:
$$x = \frac{1}{2} * s - 2$$
$$y = \frac{1}{2} * s + 2$$
$$z = \frac{1}{4} * s$$

Nach Einsetzen in die 1. Gleichung folgt:

$$\frac{1}{2} * s - 2 + \frac{1}{2} * s + 2 + \frac{1}{4} * s + s = 45$$
$$9s = 180$$
$$s = 20$$
$$z = 5$$
$$y = 12$$
$$x = 8$$

22. Die Zahl 111111111

12345679 * 9 = 111.111.111 ... (9 = 1 * 9)

12345679 * 45 = 555.555.555 . . . (45 = 5 * 9)

12345679 * 63 = 777.777.777 . . . (63 = 7 * 9)

12345679 * 81 = 999.999.999 . . . (81 = 9 * 9)

23. Ein 3*3 magisches Quadrat

Für ungerade Zahlen 1, 3, 5, 7, 9, 11, 13, 15, 17

3	13	11	= 27
17	9	1	= 27
7	5	15	= 27
= 27	= 27	= 27	= 27 = 27

24. Ein 4*4 magisches Quadrat

Für die Zahlen 1, 2, 3, 4, 5, 6, 7, 8, 9, 10, 11, 12, 13, 14, 15, 16

1	14	15	4	= 34
12	7	6	9	= 34
8	11	10	5	= 34
13	2	3	16	= 34
= 34	= 34	= 34	= 34	= 34 = 34

Hier ist interessant, dass die vier Zahlen in jeder Ecke und im Zentrum jeweils die Summe 34 bilden.

$1 + 7 + 12 + 14 = 34$ $8 + 11 + 2 + 13 = 34$

$15 + 4 + 6 + 9 = 34$ $10 + 5 + 3 + 16 = 34$

$7 + 6 + 11 + 10 = 34$

Die Summe der Eckzahlen, der 4 gegenüberliegenden Zahlen und diagonal gegenüberliegenden Zahlenpaaren ist auch 34.

$1 + 4 + 13 + 16 = 34$

$14 + 15 + 2 + 3 = 34$ $12 + 8 + 9 + 5 = 34$

$12 + 14 + 3 + 5 = 34$ $8 + 2 + 15 + 9 = 34.$

Für die ungerade Zahlen 1, 3, 5, 7, 9, 11, 13, 15, 17, 19, 21, 23, 25, 27, 29 und 31

1	27	29	7	= 64
23	13	11	17	= 64
15	21	19	9	= 64
25	3	5	31	= 64
= 64	= 64	= 64	= 64	= 64 = 64

Hier ist interessant, dass die vier Zahlen in jeder Ecke und im Zentrum jeweils die Summe 64 bilden.

$1 + 13 + 23 + 27 = 64$ $15 + 21 + 25 + 3 = 64$

14

$29 + 7 + 11 + 17 = 64$ $19 + 9 + 5 + 31 = 64$

$13 + 11 + 21 + 19 = 64$

Die Summe der Eckzahlen, der 4 gegenüberliegenden Zahlen und diagonal gegenüberliegenden Zahlenpaaren ist auch 64.

$1 + 7 + 25 + 31 = 64$

$27 + 29 + 3 + 5 = 64$ $23 + 15 + 17 + 9 = 64$

$23 + 27 + 5 + 9 = 64$ $15 + 3 + 29 + 17 = 64$

2 Logische Denkaufgaben

Aufgaben

1. Eine fünfköpfige Familie

In einer Familie aus fünf Menschen sind ein Großvater und eine Großmutter, 2 Väter, 2 Mütter, 2 Söhne und ein Enkel.

Wie kann das sein?

2. Wie viele Schwestern und Brüder?

Ein Junge hat ebenso viele Schwestern wie auch Brüder, aber seine Schwester hat doppelt so viele Brüder wie Schwestern.

Wie viele Schwestern und Brüder sind es?

3. Wie viele Kinder sind es?

In einer Familie sind fünf Söhne und jeder Sohn hat eine Schwester.

Wie viele Kinder sind in der Familie?

4. Wer hat falsch geantwortet?

Vier Freunde - Alex, Bernd, Hans und Christian – laufen um die Wette. Am nächsten Tag antworten sie auf die Frage, wer welchen Platz eingenommen hat, so:

Alex: „Ich war nicht der Erste und nicht der Letzte"
Bernd: „Ich war nicht der Letzte"
Hans: „Ich war der Erste"
Christian: „Ich war der Letzte"

Aus diesen vier Antworten sind drei wahr und eine falsch. Wer hat falsch geantwortet? Wer war der Erste?

5. Zwei Streichholzschachteln

In zwei Schachteln befinden sich Streichhölzer. Wenn man aus der ersten Schachtel zwei Streichhölzer in die zweite Schachtel umlegt, dann werden in der ersten Schachtel doppelt so viele Streichhölzer sein, wie in der zweiten. Aber, wenn man aus der zweiten Schachtel zwei in die erste Schachtel umlegt, dann werden in der ersten Schachtel viermal so viele sein, wie in der zweiten Schachtel.

Wie viele Streichhölzer befinden sich in den Schachteln?

6. Kann man so leben?

Ein Junge sagt, dass er täglich ein Drittel des Tages im Schlaf verbringt, ein Viertel des Tages in der Schule, ein Fünftel des Tages mit seinen Hausaufgaben, ein Sechstel des Tages in der Sportschule und mit Freunden, ein Siebtel des Tages beim Fernsehen und mit Musik.

Kann man so leben und hat er noch freie Zeit?

7. Wie viele Schüler sind in der Klasse?

Auf die Frage, wie viele Schüler heute in der Klasse sind, antwortet der Lehrer: „Wenn man zur Anzahl der Schüler noch so viele sind wie heute, noch die Hälfte davon, ein Viertel und einen halben Schüler addiere, dann wären es in Summe 50 Schüler".

Wie viele Schüler der Klasse sind heute anwesend?

8. Wie verteilt man 5 Äpfel?

Wie verteilt man 5 Äpfel zu gleichen Teilen unter 6 Kindern mit der Bedingung, dass man die Äpfel nicht in mehr als drei Teile zerschneidet?

9. Wie verteilt man 7 Äpfel?

Wie verteilt man 7 Äpfel zu gleichen Teilen unter 12 Kindern mit der Bedingung, dass man die Äpfel nicht in mehr als vier Teile zerschneidet?

10. Wie viele Äpfel sind es?

Die Mutter hat Äpfel gekauft und verteilte sie zwischen den drei Söhnen. Der älteste Sohn bekam ein Viertel von allen Äpfeln, der mittlere ein Drittel von den übrig gebliebenen Äpfeln und der Jüngste die Hälfte von den danach gebliebenen Äpfeln. Nach der Verteilung blieben bei ihr noch drei Äpfel übrig.

Wie viele Äpfel hat die Mutter gekauft und wie viele Äpfel bekam jeder Sohn?

11. Wie viele Äpfel haben drei Kinder?

Jeder von drei Kindern - Klaus, Peter und Franz - hat eine Menge an Äpfeln.
Klaus gibt von seinen Äpfeln an Peter und Franz so viele ab, wie jeder von ihnen schon hatte.
Anschließend gibt Peter an Franz und Klaus so viele Äpfel ab, wie jeder von ihnen neu hatte.
Danach gibt Franz den anderen beiden so viele Äpfel ab, wie jeder von ihnen zu diesem Zeitpunkt schon hatte.
Nach dieser Übergabe von Äpfeln hat jedes Kind acht Äpfel.

Wie viele Äpfel hatte jedes Kind am Anfang?

12. Wie viele Zitronen waren im Korb?

Aus einem Korb mit Zitronen, werden zuerst die Hälfte der Zitronen rausgenommen, dann die Hälfte von den übrig gebliebe-

nen Zitronen und anschließend die Hälfte von dem neuen gebliebenen Rest. Danach blieben im Korb noch 5 Zitronen.

Wie viele Zitronen waren anfangs im Korb?

13. Ein kluger Kaufmann beim Sturm

Zwei Kaufleute fahren auf einem Schiff und jeder hat 15 Warenballen mitgenommen. Als ein Sturm anfing, befiehl der Kapitän die Hälfte von 30 Warenballen über Bord ins Meer zu werfen. Kein Kaufmann wollte seine Warenballen über Bord werfen.

Als der Kapitän das sah, sagte er: „Wir stellen die 30 Waren-
ballen in einen Kreis und dann werden wir von dieser Stelle im
Kreis nach Uhrzeiger durchzählen und jeden 9. Warenballen ins
Meer werfen bis wir die Hälfte über Bord geworfen haben".

Ein Kaufmann bestach die käuflichen Matrosen mit Geld und sie stellten seine 15 Warenballen auf die vorgegebenen Plätze im Kreis so, dass am Ende alle seine Warenballen im Kreis an Bord blieben.

Wie waren die Warenballen der Kaufleute aufgestellt?

Lösungen

1. Eine fünfköpfige Familie

Die Familie besteht aus Großvater, Großmutter, ihrem Sohn mit Ehefrau und Kind.

Zwei Väter – Großvater und Sohn
zwei Mütter – Großmutter und Ehefrau des Sohnes
zwei Söhne – Sohn des Großvaters und Sohn des Vaters (Vaters Sohn ist Enkel der Großeltern)

2. Wie viele Schwestern und Brüder?

Vier Brüder und drei Schwestern

3. Wie viel Kinder sind es?

Sechs Kinder: fünf Söhne und eine Schwester

4. Wer hat falsch geantwortet?

Falsch hat Hans geantwortet. Erster war Bernd.

Wenn man vermutet, dass Alex die Unwahrheit gesagt hat, dann käme man darauf, dass er der Erste oder der Letzte war, aber dann hätten noch Hans oder Christian die Unwahrheit gesagt, was nicht sein kann, weil es nur eine falsche Aussage war. Ähnlich untersucht man auch die anderen Möglichkeiten.

5. Zwei Streichholzschachteln

Bezeichnet man die Zahl der Streichhölzer in der ersten Schachtel mit x und in der zweiten Schachtel mit y, dann ergeben sich aus der Aufgabenstellung zwei Gleichungen:

$x - 2 = 2(y + 2)$
$x + 2 = 4(y - 2)$

Daraus folgt:
$x = 2y + 6$
$x = 4y - 10$

$2y + 6 = 4y - 10$
$2y = 16$
$y = 8$
$x = 2 * 8 + 6 = 22$

In den zwei Schachteln befinden sich 22 und 8 Streichhölzer.

6. Kann man so leben?

Nein, so kann man nicht leben, weil aus Aufgabenstellung folgt:
$1/3 + 1/4 + 1/5 + 1/6 + 1/7 = 459/420 = 153/140$

153/140 sind mehr 1 Tag.

Man braucht noch zusätzlich 13/140 Anteile von 24 Stunden am Tag. Das sind noch 13 * 24 * 60 / 140 = 133,7 Minuten bzw. 2 Stunden und 13,7 Minuten am Tag.

Wenn der Junge sagt, dass er täglich ein Drittel des Tages im Schlaf, ein Fünftel des Tages in der Schule, ein Sechstel des Tages mit seinen Hausaufgaben, ein Siebtel des Tages in der Sportschule und mit Freunden, ein Achtel des Tages beim Fernsehen und mit Musik verbringt, dann hat er noch freie Zeit.

Rechnung: $1/3 + 1/5 + 1/6 + 1/7 + 1/8 = 813/840 = 271/280$

$271/280$ sind weniger als 1 Tag.

Dem Jungen bleiben noch $9/280$ freie Anteile an 24 Stunden eines Tages. Das sind noch $9 * 24 * 60/280 = 324/7$ Minuten bzw. 46,3 Minuten am Tag.

7. Wie viel Schüler sind in der Klasse?

Bezeichnet man die Zahl der heute anwesenden Schüler mit x, dann ergibt sich aus der Aufgabenstellung die Gleichung:

$x + x + x/2 + x/4 + 1/2 = 50$

Hieraus folgt:
$11x/4 + 1/2 = 50$
$11x = 4 * (50 - ½)$
$x = 49,5 * 4/11 = 18$

In der Klasse sind 18 Schüler.

8. Wie verteilt man 5 Äpfel?

Jeder sollte 5/6 vom Apfel bekommen, aber $5/6 = 1/2 + 1/3$. Also muss man drei Äpfel halbieren und zwei Äpfel auf drei gleiche Teile schneiden.

So bekommt jeder einen halben Apfel und ein Drittel von einem Apfel.

9. Wie verteilt man 7 Äpfel?

Jeder sollte 7/12 vom Apfel bekommen, aber $7/12 = 1/3 + 1/4$. Deshalb muss man vier Äpfel in drei gleiche Teile und drei Äpfel in vier gleiche Teile schneiden.

Jeder bekommt ein Drittel und ein Viertel von einem Apfel.

10. Wie viele Äpfel sind es?

Bezeichnet man mit x die Zahl der Äpfel, die die Mutter gekauft hatte, dann hat der älteste Sohn $x/4$ Äpfel bekommen und es bleiben noch $3x/4$ übrig.

Von dem Rest bekommt der mittlere Sohn $1/3 * 3x/4 = x/4$ und es bleiben noch $3x/4 - x/4 = x/2$ übrig.

Von diesem Rest bekommt der jüngste Sohn $1/2 * x/2 = x/4$ und es bleiben noch $x/2 - x/4 = x/4$ übrig.

Nach der Aufgabenstellung ist der Rest $x/4 = 3 \implies x = 12$.

Die Mutter hat 12 Äpfel gekauft und jeder der 3 Söhne hat $12/4 = 3$ Äpfel bekommen.

ODER logisch berechnet:

Weil vom Rest 3 Äpfel geblieben sind und der jüngste Sohn bekam ½ vom vorherigen Rest, so waren der vorherige Rest 6 Äpfel und der jüngste Sohn bekam 3 Äpfel. Weil der mittlere Sohn 1/3 vom neuen vorherigen Rest bekam, waren der neue vorherige Rest 9 Äpfel und der mittlere Sohn bekam 3 Äpfel.

Und weil der älteste Sohn ¼ von den gekauften Äpfeln bekam, waren es 12 gekaufte Äpfel und der älteste Sohn bekam 3 Äpfel.

11. Wie viele Äpfel haben drei Kinder?

Sinnvollerweise bezeichnet man die Zahl der Äpfel der Kinder wie folgt: Klaus – k, Peter – p und Franz – f.

Nach der ersten Übergabe vom Klaus haben die Kinder folgende Äpfel:

Klaus = k – p – f
Peter = 2p
Franz= 2f

Nach der zweiten Übergabe vom Peter haben die Kinder folgende Äpfel:

Klaus = 2(k – p – f)
Peter = 2p – (k – p – f) – 2f = 3p – k – f
Franz = 4f

Nach der dritten Übergabe vom Franz haben die Kinder folgende Äpfel:

Klaus = 4(k – p – f)
Peter = 2(3p – k – f)
Franz = 4f – 2(k – p – f) – (3p – k – f) = 7f – k – p

Aus der Aufgabenstellung folgen drei Gleichungen:
4(k – p – f) = 8
2(3p – k – f) = 8
7f – k – p = 8
oder
k – p – f = 2
3p – k – f = 4
7f – k – p = 8

Addiert man die ersten zwei Gleichungen, dann bekommt man:
2p – 2f = 6   => p – f = 3

Subtrahiert man von der zweiten Gleichung die dritte Gleichung, dann folgt:
4p – 8f = – 4   => – p + 2f = 1

Aus der Addition der letzten zwei Gleichungen

p − f = 3

− p + 2f = 1

folgt:

f = 4

=> p = 3 + 4 = 7

und aus erster Gleichung folgt:

k = 2 + 7 + 4 = 13

Am Anfang hatten Klaus 13, Peter 7 und Franz 4 Äpfel.

12. Wie viele Zitronen waren im Korb?

Man bezeichnet mit x die Zahl der Zitronen die anfangs im Korb waren. Nachdem man die Hälfte der Zitronen aus dem Korb entnimmt, bleiben noch x/2 Zitronen übrig.

Nach der zweiten Entnahme bleiben übrig:

x/2 − x/4 = x/4

Nach der dritten Entnahme bleiben noch übrig:

x/4 − x/8 = 5 Zitronen

Hieraus folgt:

x/8 = 5

x = 40

Am Anfang waren 40 Zitronen im Korb.

13. Ein kluger Kaufmann beim Sturm

Man teilt den Kreis auf 30 Plätze auf und nummeriert die Plätze von 1 bis 30.

Der kluge Kaufmann ließ seine Warenballen auf die folgenden Plätze stellen: 1, 2, 3, 4, 10, 11, 13, 14, 15, 17, 20, 21, 25, 28, 29.

Die Warenballen des anderen Kaufmannes kamen auf die Plätze 5, 6, 7, 8, 9, 12, 16, 18, 19, 22, 23, 24, 26, 27, 30.

Die Warenballen werden nacheinander von den Plätzen mit den Nummern 9, 18, 27, 6, 16, 26, 7, 19, 30, 12, 24, 8, 22, 5, 23 ins Meer rausgeworfen.

3 Lebensgeschichten

Aufgaben

1. Limonadenkasten

Der Sohn trinkt allein einen Limonadenkasten mit 12 Flaschen in 14 Tagen aus, aber zusammen mit seiner Schwester trinken sie einen Limonadenkasten in 10 Tagen aus.

In wie vielen Tagen trinkt die Schwester allein einen Limonadenkasten aus?

2. Bier und Limonade

Elf Menschen tranken insgesamt zwölf Flaschen Bier und Limonade. Jeder Mann trank zwei Flaschen Bier, jede Frau eine

31

Hälfte der Flasche mit Limonade und jedes Kind ein Viertel der Flasche mit Limonade.

Wie viele Männer, Frauen und Kinder waren es?

Wie viele Flaschen waren mit Bier und wie viele mit Limonade?

3. Walnüsse verteilen

Der Großvater sagt zu seinen Enkeln:

„Ich habe hier 130 Walnüsse gesammelt. Verteilt die Walnüsse so in zwei Teile, dass das Vierfache des kleinsten Teils und ein Drittel des größten Teils gleich sind".

Wie viele Walnüsse enthalten die zwei Teile jeweils?

4. Pferd, Ziege und Schaf

Ein Pferd fraß den Heuvorrat in 40 Tagen, zwei Ziegen in zwei Monaten (60 Tage) und drei Schafe in 50 Tagen.

In welcher Zeit fressen ein Pferd, eine Ziege und ein Schaf zusammen den Heuvorrat?

5. Vier Zimmerleute und ein Haus

Vier Zimmerleute möchten ein Haus bauen. Der erste Zimmermann kann ein Haus in einem Jahr errichten, der Zweite in zwei Jahren, der Dritte in drei Jahren, der Vierte in vier Jahren.

Wie viel Zeit brauchen die vier Zimmerleute, um gemeinsam ein Haus zu errichten?

6. Die Stare und die Bäume

Die Stare flogen über die Wiese und als sie die Bäume trafen, entschieden sie sich hinunterzufliegen. Als sich zwei Stare auf einen Baum setzen wollten, blieb für zwei Stare kein Baum übrig. Als sich drei Stare auf einem Baum setzen wollten, blieb ein Baum übrig.

Wie viele Stare und wie viele Bäume waren es?

7. Zwei Freunde mit Pflaumen

Zwei Freunde - Hans und Peter - haben Pflaumen gesammelt.

Hans sagte zu Peter: „Wenn du mir von deinen Pflaumen zwei gibst, dann haben wir die gleiche Anzahl Pflaumen!". Peter antwortete zu Hans: „Wenn du mir von deinen Pflaumen zwei gibst, dann habe ich doppelt so viele Pflaumen wie du!".

Wie viele Pflaumen haben Hans und Peter?

8. Fünf Bauern und die Schafe

Fünf Bauern – Hans, Peter, Jakob, Michael und Gustav – haben zusammen 20 Schafe. Als sie keinen Hirten finden können, um die Schafe zu weiden, vereinbaren sie selbst die Schafe zu weiden.

Jeder Bauer soll die Schafe so viele Tage weiden, wie er Schafe hat.
Es ist bekannt, dass Peter doppelt so viele Schafe hat wie Hans, welcher doppelt so viele Schafe hat wie Jakob. Jakob hat die Hälfte von den Schafen Michaels und Gustavs, was einem Viertel von den Schafen Peters entspricht.

Wie viele Tage soll jeder Bauer die Schafe weiden?

9. Der Korb mit Eiern

Ein Bauer kommt auf den Markt und bringt einen Korb mit Eiern mit. Auf die Frage, wie viele Eier im Korb seien, antwortet der Bauer so:

„Ich weiß nicht genau wie viele es sind, aber ich erinnere mich daran, dass als ich nacheinander jeweils zwei Eier vom Boden in den Korb umlegte, am Ende auf dem Boden ein Ei übrigblieb.

Als ich von der gleichen Menge Eier nacheinander drei, vier, fünf und sechs Eier vom Boden in den Korb umlegte, blieb immer ein Ei auf dem Boden übrig.

Und als ich nacheinander jeweils sieben Eier in den Korb umlegte, blieb am Ende kein Ei auf dem Boden übrig".

Wie viele Eier sind im Korb?

10. Wie viele Erdbeeren waren es?

Als die Mutter auf die Arbeit ging, stellte sie ihren drei Söhnen eine Schüssel mit Erdbeeren auf den Tisch und legt einen Zettel dazu, auf dem sie schrieb, dass jeder ein Drittel der Erdbeeren nehmen kann.

Der älteste Sohn ist als erster aufgestanden. Als er die Erdbeeren auf dem Tisch sah, aß er eine Erdbeere, danach ein Drittel der Erdbeeren und ist weggegangen.

Als Zweiter ist der mittlere Sohn aufgewacht. Als er die Erdbeeren sah, glaubte er, dass die Brüder noch schlafen. Er aß zwei Erdbeeren, danach ein Drittel von den in der Schüssel übrig gebliebenen Erdbeeren und ging spazieren.

Der jüngste Sohn ist als Letzter aufgewacht. Er war auch der Meinung, dass die Brüder noch schlafen. Deshalb, als er die Erdbeeren sah, aß er drei Erdbeeren, danach noch ein Drittel von den neu gebliebenen Erdbeeren in der Schüssel.

Als die Mutter nach Hause kam, sah sie noch 6 Erdbeeren in der Schüssel.

Wie viele Erdbeeren waren anfangs in der Schüssel und wie viele Erdbeeren aß jeder Sohn?

11. Pferdeherde und ein halbes Pferd

Zum Pferdehändler kamen drei Bauern um Pferde zu kaufen. Der Pferdehändler sagte:

„Ich verkaufe euch die Pferde. Dem Ersten verkaufe ich die halbe Pferdeherde und noch ein halbes Pferd dazu.

Dem Zweiten verkaufe ich die Hälfte der übrig gebliebenen Pferde und noch ein halbes Pferd dazu.

Dem Dritten verkaufe ich die Hälfte der neu übrig gebliebenen Pferde und noch ein halbes Pferd dazu.

Ich behalte den Rest aus fünf Pferden."

Die Bauern wunderten sich, wie der Pferdehändler die Pferde in Teile zerlegen würde, aber nach Überlegungen gaben sie sich einverstanden.

Wie viele Pferden waren in der Pferdeherde und wie viele Pferden verkaufte der Pferdehändler jedem Bauern?

Lösungen

1. Limonadenkasten

An einem Tag trinkt der Sohn: 12/14 = 6/7 Flaschen

und in 10 Tagen: 60/7 Flaschen

Die Schwester trinkt den Rest in 10 Tagen:
12 – 60/7 = 24/7 Flaschen

an einem Tag trinkt sie: 24/7/10 = 24/70 = 12/35 Flaschen

Die Schwester trinkt 12 Flaschen in 35 Tagen aus (12/12/35).

2. Bier und Limonade

Bezeichnet man mit x die Zahl der Männer, mit y die Zahl der Frauen und mit z die Zahl der Kinder.

Nach der Aufgabenstellung folgen zwei Gleichungen:
x + y + z = 11
2x + 0,5y + 0,25z = 12

Multipliziert man die 1. Gleichung mit 2 und subtrahiert von ihr die 2. Gleichung, dann bekommt man:
1,5y + 1,75z = 10
6y + 7z = 40
y = (40 – 7z)/6

Weil y (Anzahl der Frauen) eine ganze Zahl sein sollte, muss z = 4 sein.

=> y = (40 – 7*4)/6 = 2

Aus 1. Gleichung folgt:

x = 11 – 2 – 4 = 5

Es waren 5 Männer, 2 Frauen und 4 Kinder.

Es waren 10 Flaschen mit Bier und 2 Flaschen mit Limonade.

3. Walnüsse verteilen

Man bezeichnet mit **x** die Zahl der Walnüsse des kleineren Teils und mit **y** die Zahl der Walnüsse des größeren Teils.

Nach der Aufgabenstellung folgen zwei Gleichungen:

x + y = 130

4x = y/3

Setzt man y = 12x in die 1. Gleichung ein, dann bekommt man:

x + 12x = 130

13x = 130

x = 10

y = 120

Der kleinere Teil enthält 10 Walnüsse und der größere Teil 120 Walnüsse.

4. Pferd, Ziege und Schaf

Eine Ziege frisst den Heuvorrat in 120 Tagen und ein Schaf in 150 Tagen.

Deshalb fressen an einem Tag ein Pferd, eine Ziege und ein Schaf zusammen:

1/40 + 1/120 + 1/150 = (15 + 5 + 4)/600 = 24/600 = 1/25

Anteile vom Heuvorrat.

39

Innerhalb von 25 Tagen fressen sie gemeinsam den ganzen Heuvorrat.

5. Vier Zimmerleute und ein Haus

In einem Jahr errichten alle vier Zimmerleute gemeinsam $1+1/2+1/3+1/4 = 25/12$ Anteile vom Haus. Das sind mehr als zwei Häuser. Um ein Haus gemeinsam zu errichten brauchen sie Zeit x. Deshalb ist $(25/12) x = 1$.

Aus der Gleichung folgt:
$x = 12/25 = 0,48$

Um ein Haus gemeinsam zu errichten brauchen die Zimmerleute 0,48 Jahre.

6. Die Stare und die Bäume

Man bezeichnet mit x die Zahl der Stare und mit y die Zahl der Bäume.

Aus der Aufgabenstellung folgen zwei Gleichungen:
$2y = x - 2$
$3(y - 1) = x$

Daraus folgt:
$2y = 3(y - 1) - 2 = 3y - 5$
$=> 3y - 2y = 5$
$\quad y = 5$
$=> x = 3*(5 - 1) = 12$

Es waren 12 Stare und 5 Bäume.

7. Zwei Freunde mit Pflaumen

Man bezeichnet mit x die Zahl der Pflaumen beim Hans und mit y die Zahl der Pflaumen beim Peter.

Aus der Aufgabenstellung folgen zwei Gleichungen:
$x + 2 = y - 2$
$2(x - 2) = y + 2$

$x = y - 4$
$2x = y + 6$

Daraus folgt nach Subtraktion der 1. Gleichung aus der 2. Gleichung:
$x = 10$
$\Rightarrow y = 10 + 4 = 14$

Hans hat 10 Pflaumen und Peter 14 Pflaumen.

8. Bauern und die Schafe

Man bezeichnet die Zahl der Schafe bei Bauern mit Buchstaben: Hans – h, Peter – p, Jakob – j, Michael – m und Gustav – g.

Aus der Aufgabenstellung folgen die fünf Gleichungen:
$h + p + j + m + g = 20$
$p = 2h$
$h = 2j$
$j = m/2$
$g = p/4$

Aus den letzten vier Gleichungen folgt:
$p = 4j = 4*m/2 = 2m$
$h = 2*m/2 = m$
$g = 2m/4 = m/2$

Setzt man die Werte in die 1. Gleichung ein, dann bekommt man:

$m + 2m + m/2 + m + m/2 = 20$

$5m = 20$

$m = 4$

Setzt man m=4 in die oberen Gleichungen ein, dann folgt:

$p = 2*4 = 8$

$h = 4$

$j = 4/2 = 2$

$g = 8/2 = 2$

Jeder Bauer soll die Schafe wie folgt weiden: Peter an 8, Hans an 4, Jakob an 2, Michael an 4 und Gustav an 2 Tagen.

9. Der Korb mit Eiern

Das kleinste gemeinsame Vielfache, welches ohne Rest durch 2, 3, 4, 5, 6 teilbar ist: kgV(2, 3, 4, 5, 6) = 2 * 3 * 2 * 5 = 60.

Man muss die kleinste Zahl finden, die mit der Zahl 60 teilbar ist und vermehrt um 1 durch 7 teilbar ist ohne Rest. Aus der Reihenfolge 61, 121, 181, 241, 301 usw. findet man heraus, dass die kleinste Zahl, teilbar durch 7, die Zahl 301 ist. Die nächsten anderen Zahlen sind 60*7 = 420 größer und ergeben 721, 1141, 1561 usw.

Im Korb waren 300 + 1 = 301 Eier.

10. Wie viel Erdbeeren waren es?

Wir bezeichnen mit x die Zahl der Erdbeeren die anfangs in der Schüssel waren.

Dann hat der älteste Sohn Erdbeeren gegessen:
$1 + (x - 1)/3 = (x + 2)/3$

In der Schüssel sind noch Erdbeeren geblieben:
$x - (x+2)/3 = (2x - 2)/3$

Der mittlere Sohn hat Erdbeeren gegessen:
$2 + ((2x - 2)/3 - 2)/3 = (2x + 10)/9$

Es blieben danach in der Schüssel noch Erdbeeren übrig:
$(2x - 2)/3 - (2x + 10)/9 = (4x - 16)/9$

Der jüngste Sohn hat davon Erdbeeren gegessen:
$3 + ((4x - 16)/9 - 3)/3 = (4x + 38)/27$

Es blieben in der Schüssel noch Erdbeeren übrig:
$(4x - 16)/9 - (4x + 38)/27 = (8x - 86)/27$

Nach der Aufgabenstellung blieben in der Schüssel 6 Erdbeeren zurück. Daraus folgt die Gleichung:
$(8x - 86)/27 = 6$
$8x - 86 = 162$
$=> x = (162 + 86)/8 = 31$

Es waren anfangs 31 Erdbeeren in der Schüssel. Davon hat der älteste Sohn: $(31 + 2)/3 = 11$ Erdbeeren
der mittlere Sohn $(2*31 + 10)/9 = 8$ Erdbeeren
und der jüngste Sohn $(4*31 + 38)/27 = 6$ Erdbeeren gegessen.

11. Pferdeherde und ein halbes Pferd

Wir bezeichnen mit x die Zahl der Pferde beim Pferdehändler.

Der erste Käufer bekommt:
$x/2 + ½ = (x + 1)/2$ Pferde

Beim Pferdehändler bleibt ein Rest von:

$x - (x + 1)/2 = (x - 1)/2$ Pferde

Der zweite Käufer bekommt:

$\frac{1}{2}(x - 1)/2 + \frac{1}{2} = (x + 1)/4$ Pferde

Beim Pferdehändler bleibt ein neuer Rest von:

$(x - 1)/2 - (x + 1)/4 = (x - 3)/4$ Pferde

Der dritte Käufer bekommt:

$\frac{1}{2}(x - 3)/4 + \frac{1}{2} = (x + 1)/8$ Pferde

Beim Pferdehändler bleibt ein neuer Rest von:

$(x - 3)/4 - (x + 1)/8 = (x - 7)/8$ Pferde

Der Rest bleibt beim Pferdehändler und besteht aus 5 Pferden.

Deshalb ist $(x - 7)/8 = 5$ und nach der Lösung bekommt man:

$x = 47$ Pferde

Der erste Käufer bekommt $(47 + 1)/2 = 24$ Pferde, der zweite Käufer bekommt $(47 + 1)/4 = 12$ Pferde, der dritte Käufer bekommt $(47 + 1)/8 = 6$ Pferde und beim Pferdehändler bleiben 5 Pferde.

4 Wie alt ist jemand?

Aufgaben

1. Vater

Ein Vater ist viermal älter als der Sohn. In 20 Jahren wird er doppelt so alt sein wie sein Sohn.

Wie alt ist der Vater jetzt?

2. Vater und Sohn

Ein Vater ist viermal älter als der Sohn und zusammen sind sie 40 Jahre alt.

Wie alt sind der Vater und Sohn jetzt?

Wie alt wird der Vater sein, wenn er dreimal älter ist als der Sohn?

3. Vater und Tochter

Auf die Frage der Tochter, wie alt er ist, antwortet der Vater:

„Dein Alter ist jetzt 2/5 von meinem Alter, aber vor 4 Jahre war dein Alter 1/3 von meinem jetzigen Alter".

Wie alt sind der Vater und die Tochter jetzt?

4. Vater, Sohn und Tochter

Ein Vater ist so alt wie sein Sohn und seine Tochter zusammen.

Der Sohn ist doppelt so alt wie seine Schwester und 20 Jahre junger als der Vater.

Wie alt sind der Vater, der Sohn und die Tochter?

5. Vater und 5 Kinder

Ein Vater ist so alt wie seine 5 Kinder zusammen.

Das Alter aller nacheinander geborenen Kinder unterscheidet sich um 3 Jahre und das älteste Kind ist viermal so alt wie das jüngste.

Wie alt sind der Vater und die 5 Kinder?

6. Zwei Brüder

Zwei Brüder sind 9 und 1 Jahr alt.

Wie alt werden die Brüder sein, wenn der älteste dreimal (bzw. doppelt) so alt ist wie der jüngste Bruder?

7. Drei Brüder

Drei Brüder sind zusammen 56 Jahre alt.

Der mittlere Bruder ist 4 Jahre älter als der jüngste und der älteste ist so alt wie zwei andere Brüder zusammen.

Wie alt sind die Brüder?

8. Sohn

Auf die Frage, wie alt sein Sohn ist, antwortet der Vater:

„Wenn mein Sohn noch das Doppelte, die Hälfte und noch ein Drittel seines Alters verbringt, dann wird er 23 Jahre alt.

Wie alt ist der Sohn jetzt?

9. Zwei Söhne

Auf die Frage, wie alt seine zwei Söhne sind, antwortet der Vater:

„Der älteste Sohn ist drei Jahre älter als der jüngste Sohn. Wenn man die Zahlen ihres Alters multipliziert und noch dazu die beide Zahlen addiert, dann bekommt man die Summe 17.

Wie alt sind die Söhne?

10. Sieben Söhne

Ein Vater hat 7 Söhne. Das Alter des ersten und des vierten Sohnes ist zusammen 9 Jahre, des ersten und des sechsten 15 Jahre, des zweiten und des dritten 8 Jahre, des zweiten und des fünften 14 Jahre, des dritten und des sechsten 17 Jahre, des vierten und des siebten 20 Jahre, des fünften und des siebten 23 Jahre.

Wie alt sind alle Söhne?

11. Schwester und Bruder

Die Schwester ist dreimal so alt wie der Bruder damals, als die Schwester so alt war, wie der Bruder jetzt ist. Wenn der Bruder so alt sein wird, wie die Schwester jetzt ist, dann werden sie zusammen 28 Jahre alt sein.

Wie alt sind die Schwester und der Bruder jetzt?

12. Mutter und Tochter

Die Mutter ist 38 Jahre und die Tochter 8 Jahre alt.

Wie alt wird die Mutter sein, wenn sie dreimal so alt ist wie die Tochter?

Wann wird die Mutter nur doppelt so alt sein wie die Tochter?

13. Mutter und Sohn

Vor zwei Jahre waren die Mutter und der Sohn zusammen 40 Jahre alt. Jetzt ist die Mutter dreimal so alt wie der Sohn.

Wie alt sind die Mutter und der Sohn jetzt?

14. 100 Jahre

Auf die Frage, wie alt er ist, antwortet ein Mann:

„Wenn ich noch die Hälfte, ein Drittel und ein Viertel meines Alters verbringe, dann werde ich 100 Jahre alt sein".

Wie alt ist der Mann jetzt?

15. Frau und Mann

Ein Mann und eine Frau sind zusammen 63 Jahre alt.

Der Mann ist jetzt doppelt so alt, wie die Frau zu der Zeit als er so alt war, wie sie jetzt ist.

Wie alt sind die Frau und der Mann?

16. Eine Familie

Das Alter einer Familie aus Vater, Mutter und drei Kindern – Maria, Anna und Peter – ist zusammen 160 Jahre.

Der Vater ist 7 Jahre älter als die Mutter, welche 3 Jahre jünger ist als das Alter der Kinder zusammen. Maria ist 4 Jahre älter als Anna, die 2 Jahre älter ist als Peter.

Wie alt sind die Familienmitglieder?

Lösungen

1. Vater

Bezeichnet man mit x das Alter des Sohnes jetzt, dann ist jetzt das Alter des Vaters 4x.

Aus der Aufgabenstellung folgt:

$4x + 20 = 2(x + 20)$

$4x - 2x = 40 - 20$

$2x = 20$

$x = 10$

Der Vater ist jetzt $4 * 10 = 40$ Jahre und der Sohn 10 Jahre alt.

In 20 Jahren wird der Vater 60 Jahre und der Sohn 30 Jahre alt sein. Also der Vater wird doppelt so alt sein wie der Sohn.

2. Vater und Sohn

Bezeichnet man mit x das Alter des Sohnes jetzt, dann ist jetzt das Alter des Vaters 4x.

Aus der Aufgabenstellung folgt:

$x + 4x = 40$

$5x = 40$

$x = 8$

$\Rightarrow 4x = 4 * 8 = 32$

Jetzt ist der Vater 32 Jahre und der Sohn 8 Jahre alt.

Bezeichnet man mit t die zusätzliche Zeit in Jahren bis der Vater dreimal älter ist als der Sohn, dann ergibt sich die Gleichung:

$32 + t = 3*(8 + t)$

$32 - 24 = 3t - t$
$2t = 8$
$t = 4$

Nach 4 Jahren wird der Sohn $8 + 4 = 12$ Jahre alt sein und der Vater mit $32 + 4 = 36$ Jahre alt sein und damit dreimal älter als der Sohn.

3. Vater und Tochter

Bezeichnet man mit x das Alter der Tochter und mit y das Alter des Vaters jetzt.

Aus der Aufgabenstellung folgen zwei Gleichungen:
$x = 2y/5$
$x - 4 = y/3$

Setzt man x aus 1. Gleichung in die 2. Gleichung ein, dann bekommt man:
$2y/5 - 4 = y/3$
$6y - 60 = 5y$
$y = 60$

Aus 1. Gleichung folgt:
$x = 2 * 60/5 = 24$

Jetzt ist der Vater 60 Jahre und die Tochter 24 Jahre alt.

Vor 4 Jahren war die Tochter 20 Jahre alt oder ein Drittel vom jetzigen Alter des Vaters.

4. Vater, Sohn und Tochter

Bezeichnet man mit x das Alter der Tochter, dann ist das Alter des Sohnes 2x und das Alter des Vaters $x + 2x = 3x$.

Aus der Aufgabenstellung folgt:

$2x = 3x - 20$

$x = 20$

Jetzt ist der Vater $3 * 20 = 60$ Jahre, der Sohn $2 * 20 = 40$ Jahre und die Tochter 20 Jahre alt.

5. Vater und 5 Kinder

Bezeichnet man das Alter des jüngsten Sohnes mit x, dann ist das Alter der anderen Kinder x+3, x+6, x+9 und x+12.

Aus der Aufgabenstellung folgt:

$x + 12 = 4x$

$3x = 12$

$x = 4$

Deshalb sind die 5 Kinder 4, 7, 10, 13, 16 Jahre alt und der Vater ist $4+7+10+13+16 = 50$ Jahre alt.

6. Zwei Brüder

Man bezeichnet mit x die zusätzliche Zeit in Jahren bis der älteste Bruder dreimal älter sein wird als der jüngste Bruder und mit y die zusätzliche Zeit in Jahren bis der älteste Bruder zweimal älter sein wird als der jüngste Bruder.

Aus der Aufgabenstellung folgen zwei Gleichungen:

$9 + x = 3 * (1 + x)$

$9 + y = 2 * (1 + y)$

Nach der Lösung der Gleichungen bekommt man:

$x = 3$

$y = 7$

In 3 Jahren wird der älteste Bruder mit 9 + 3 = 12 Jahren dreimal so alt sein wie der jüngste Bruder mit 1 + 3 = 4 Jahren.

In 7 Jahren wird der älteste Bruder mit 9 + 7 = 16 Jahren doppelt so alt sein wie der jüngste Bruder mit 1 + 7 = 8 Jahren.

7. Drei Brüder

Bezeichnet man das Alter des jüngsten Sohnes mit x, dann ist der mittlere Bruder x + 4 und der älteste Bruder x + x + 4 = 2x + 4 Jahre alt.

Aus der Aufgabenstellung folgt:
$$x + x + 4 + 2x + 4 = 56$$
$$4x = 56 - 8 = 48$$
$$x = 12$$

Der jüngste Bruder ist 12 Jahre, der mittlere 12 + 4 = 16 Jahre und der älteste 12 + 16 = 28 Jahre alt.

8. Sohn

Bezeichnet man das Alter des Sohnes mit x, dann ergibt sich aus der Aufgabenstellung folgende Gleichung:
$$x + 2x + x/2 + x/3 = 23$$
$$=> (6x + 12x + 3x + 2x)/6 = 23$$

Nach der Lösung der Gleichung folgt:
$$23x = 138$$
$$x = 138/23 = 6$$

Der Sohn ist jetzt 6 Jahre alt.

9. Zwei Söhne

Man bezeichnet das Alter des jüngsten Sohnes mit x. Dann ist der älteste Sohn x + 3 alt.

Aus Aufgabenstellung folgt die Gleichung:
$x * (x + 3) + x + x + 3 = 17$
$=> x^2 + 5x - 14 = 0$

Die Lösungen der quadratischen Gleichung sind:
$x_1 = -2,5 + 4,5 = 2$
$x_2 = -2,5 - 4,5 = -7$

Die positive Lösung der quadratischen Gleichung ist $x_1 = 2$.

Deshalb sind die Söhne 2 und 2 + 3 = 5 Jahre alt.

10. Sieben Söhne

Man bezeichnet das Alter der 7 Söhne, beginnend mit dem jüngsten, mit x_1, x_2, x_3, x_4, x_5, x_6 und x_7.

Aus der Aufgabenstellung folgen sieben Gleichungen:

$x_1 + x_4 = 9$ $x_1 + x_6 = 15$
$x_2 + x_3 = 8$ $x_2 + x_5 = 14$
$x_3 + x_6 = 17$ $x_4 + x_7 = 20$
$x_5 + x_7 = 23$

Eliminiert man x_1 aus 1. und 2. Gleichung, x_2 aus 3. und 4. Gleichung und x_7 aus 6. und 7. Gleichung, dann bekommt man:

$x_6 - x_4 = 6$ $x_5 - x_3 = 6$
$x_3 + x_6 = 17$ $x_5 - x_4 = 3$.

Eliminiert man x_3 und x_4 aus diesen Gleichungen, dann bekommt man:

$x_6 - x_5 = 3$
$x_6 + x_5 = 23$

Hieraus nach Addition folgt:
$2x_6 = 26$
$x_6 = 13$

Setzt man x_6 in die sieben Gleichungen ein, dann bekommt man:
$x_1 = 2$ $x_3 = 4$ $x_2 = 4$ $x_4 = 7$ $x_5 = 10$ $x_7 = 13$

Die sieben Söhne sind 2, 4, 4, 7, 10, 13 und 13 Jahre alt.

11. Schwester und Bruder

Man bezeichnet das jetzige Alter der Schwester mit x und des Bruders mit y. Bezeichnen wir noch mit t = x - y die Differenz zwischen dem Alter der Schwester und des Bruders.

Aus der Aufgabenstellung folgen die drei Gleichungen:
$x - t = y$
$x = 3 * (y - t)$
$x + t + y + t = 28$

Setzt man y aus der 1. Gleichung in die 2. Gleichung ein, dann bekommt man:
$x = 3 * (x - t - t)$
$x = 3x - 6t$
$2x = 6t$
$x = 3t$

Aus 1. Gleichung folgt:
$y = 3t - t = 2t$

Setzt man x und y in die 3. Gleichung ein, dann bekommt man:
$3t + t + 2t + t = 28$

$7t = 28$
$t = 4$

$\Rightarrow x = 3*4 = 12$
$\Rightarrow y = 2*4 = 8$

Die Schwester ist jetzt 12 Jahre und der Bruder 8 Jahre alt.

Als die Schwester 8 Jahre alt war, wie der Bruder jetzt ist, war der Bruder 4 Jahre alt. Die Schwester ist jetzt mit 12 Jahren dreimal so alt, wie der Bruder damals mit 4.

Wenn die Schwester 16 wird und der Bruder 12, wie die Schwester jetzt ist, dann werden sie zusammen 28 Jahre alt sein.

12. Mutter und Tochter

Bezeichnet man mit t_1 und mit t_2 die zusätzliche Zeit in Jahren bis die Mutter dreimal bzw. zweimal älter sein wird als die Tochter.

Aus der Aufgabenstellung folgen die zwei Gleichungen:
$38 + t_1 = 3*(8 + t_1)$
$38 + t_2 = 2*(8 + t_2)$

Nach Lösung bekommt man:
$38 + t_1 = 24 + 3t_1$
$2t_1 = 14$
$t_1 = 7$

$38 + t_2 = 16 + 2t_2$
$t_2 = 22$

In 7 Jahren wird die Mutter mit 45 Jahren dreimal so alt sein wie die Tochter mit 15 Jahren.

In 22 Jahren wird die Mutter mit 60 Jahren zweimal so alt sein wie die Tochter mit 30 Jahren.

13. Mutter und Sohn

Bezeichnet man mit x das jetzige Alter des Sohnes, dann ist 3x das jetzige Alter der Mutter.

Aus der Aufgabenstellung folgt die Gleichung:
$$x - 2 + 3x - 2 = 40$$
$$4x = 44$$
$$x = 11$$

Die Mutter ist jetzt 33 Jahre und der Sohn 11 Jahre alt.

14. 100 Jahre

Bezeichnet man mit x das jetzige Alter des Mannes, dann bekommt man aus der Aufgabenstellung die folgende Gleichung:
$$x + x/2 + x/3 + x/4 = 100$$

Nach Lösung der Gleichung folgt:
$$(12 + 6 + 4 + 3)*x/ 12 = 100$$
$$25x = 1200$$
$$x = 1200/25 = 48$$

Der Mann ist jetzt 48 Jahre alt.

15. Frau und Mann

Man bezeichnet das jetzige Alter des Mannes mit x, das Alter der Frau mit y und mit t die Zahl der vergangenen Jahre seit der Zeit, als der Mann so alt war wie die Frau jetzt ist.

Dann folgen aus der Aufgabenstellung diese drei Gleichungen:

$x + y = 63$

$x = 2 * (y - t)$

$x - y = t$

Aus den letzten zwei Gleichungen bekommt man:

$y + t = 2y - 2t$

$=> y = 3t$

$=> x = 4t$

Aus der 1. Gleichung folgt:

$4t + 3t = 63$

$7t = 63$

$=> t = 9$

$=> x = 4*9 = 36$

$=> y = 3*9 = 27$

Die Frau ist jetzt 27 Jahre und der Mann 36 Jahre alt.

Vor 9 Jahren war der Mann $36 - 9 = 27$ - so alt wie die Frau jetzt ist.

16. Eine Familie

Bezeichnet man das Alter des jüngsten Sohnes Peter mit x, dann ergibt sich aus der Aufgabenstellung folgendes Alter der anderen Familienmitglieder:

Peter: x

Anna: $x + 2$

Maria: $x + 2 + 4 = x + 6$

Mutter: $x + x + 2 + x + 6 - 3 = 3x + 5$

Vater: $3x + 5 + 7 = 3x + 12$

Alle zusammen sind 160 Jahre alt:
$3x + 12 + 3x + 5 + x + 6 + x + 2 + x = 160$

Nach der Lösung der Gleichung folgt:
$9x + 25 = 160$
$9x = 135$
$\Rightarrow x = 15$

Der Vater ist $3*15 + 12 = 57$, die Mutter $3*15 + 5 = 50$, Maria ist $15 + 6 = 21$, Anna ist $15 + 2 = 17$ und Peter ist 15 Jahre alt.

5 Berechnungen mit Geld

Aufgaben

1. Betrag von 50 Cent

Wie bezahlt man einen Zahlungsbetrag von 50 Cent mit genau 20 Münzen aus 1, 2, 5 und 10 Cent Münzsorten unter der Bedingung, alle Münzensorten zu benutzen?

Wie viele Münzen von jeder Sorte braucht man?

2. Betrag von 99 Cent

Wie bezahlt man einen Zahlungsbetrag von 99 Cent mit genau 20 Münzen aus 1, 2, 5, 10, 20 und 50 Cent Münzsorten unter der Bedingung, alle Münzensorten zu benutzen?

Wie viele Münzen von jeder Sorte braucht man?

3. Betrag von 9,99 Euro

Ein Gast möchte eine Rechnung von 9,99 Euro mit Hilfe von genau 20 Münzen bestehend aus 1 Euro, 50, 20, 10, 5, 2 und 1 Cent Münzensorten bezahlen.

Wie viele Münzen von jeder Sorte braucht er, unter der Bedingung, alle Münzensorten zu benutzen?

4. Betrag von 46 Euro in 8 Teile zerlegen

Zerlege 46 Euro in 8 verschiedene Teile so, dass alle nebeneinander liegenden Teilbeträge einen Unterschied von 50 Cent aufweisen.

Wie groß ist jeder der 8 Teilbeträge?

5. Drei Kinder

Ein Vater hat drei Kinder - Hans ist 9, Franz ist 6 und Anna ist 4 Jahre alt. Zum Feiertag verteilt der Vater 38 Euro Taschengeld nach dem Alter der Kinder. Hans bekommt 1,5 Mal mehr Geld als Franz und Anna 2/3 so viel wie Franz.

Wie viel Geld bekommt jedes Kind?

6. Wie viel Geld hat der Sohn?

Der Sohn borgt vom Vater so viel Geld, wie er in seinem Geldbeutel bereits hat. Von dieser Summe gibt er 10 Euro aus. Mit dem Rest geht er zur Mutter und borgt wieder so viel Geld, wie er im Geldbeutel bereits hat und gibt noch einmal 8 Euro aus. Dann geht er mit dem neuen Rest zum Bruder und später zur

Schwester und borgt sich jedes Mal so viel Geld wie er im Geldbeutel hat und gibt einmal 6 Euro und einmal 4 Euro aus. Danach merkt er, dass im Geldbeutel kein Geld übriggeblieben ist.

Wie viel Geld hatte der Sohn am Anfang, bevor er zum Vater geht?

7. Ein Faulenzer und der Teufel

An der Brücke über den Fluss treffen sich ein Faulenzer und der Teufel. Der Faulenzer beklagt sich über seine Armut. Der Teufel schlägt ihm vor: „Ich kann dir helfen, aber nicht kostenlos. Jedes Mal, wenn du die Brücke überquerst, verdoppelt sich das Geld in deinem Geldbeutel. Aber jedes Mal, wenn du die Brücke zurück überquerst, musst du mir 16 Euro abgeben". Dreimal ist der Faulenzer über die Brücke gegangen und danach ist sein Geldbeutel leer.

Wie viel Geld hatte der Faulenzer am Anfang im Geldbeutel?

8. Ein Wirt und ein Arbeiter

Ein Wirt stellt einen Arbeiter ein, der nicht alle Tage arbeiten kann und vereinbart mit ihm einen Vertrag: für jeden Arbeitstag zahlt der Wirt dem Arbeiter 20 Euro und für jeden Tag, an dem der Arbeiter nicht zu der Arbeit kommt, muss der Arbeiter dem Wirt 30 Euro zurückzahlen. Nach 60 Tagen kündigt der Arbeiter beim Wirt und hat nach der Abrechnung nichts verdient.

Wie viele Arbeitstage hat der Arbeiter gearbeitet?

9. Vier Freunde

Alle vier Freunde haben Geld. Wenn nur drei der Freunde ihr Geld zusammenzählen, dann ist die Summe ohne den ersten Freund 90 Euro, ohne den zweiten 85 Euro, ohne den dritten 80 Euro und ohne den vierten 75 Euro.

Wie viel Geld hat jeder Freund?

10. Drei Freunde

Drei Freunde möchten ein Spielzeug kaufen für 52 Euro. Der erste Freund sagt zum zweiten: "Gib mir die Hälfte von deinem Geld, dann bezahle ich das Spielzeug allein". Der zweite Freund sagt zum dritten: "Gib mir ein Drittel von deinem Geld, dann kann ich allein das Spielzeug kaufen". Der dritte Freund sagt zum ersten: "Wenn du mir die Hälfte von deinem Geld gibst, dann kann ich allein das Spielzeug kaufen".

Wie viel Geld hat jeder?

11. Drei Schüler und 17 Euro

Drei Schüler unterhalten sich. Der erste Schüler sagt zu den anderen beiden: „Wenn ihr mir die Hälfte von eurem Geld gebt, dann habe ich 17 Euro". Dann sagt der zweite zum ersten und dritten, dass wenn sie ein Drittel von ihrem Geld ihm gäben, er auch 17 Euro hätte. Der dritte überlegt sich das und sagt zum ersten und zweiten, das wenn sie ein Viertel von ihrem Geld ihm gäben, er auch 17 Euro hätte.

Wie viel Geld hat jeder Schüler?

12. Schwester und Bruder

Eine Schwester mit ihrem Bruder möchten ein Geschenk für die Mutter kaufen. Der Bruder sagt zu der Schwester: „Wenn du mir zwei Drittel von deinem Geld gibst, dann kann ich mit 18 Euro das Geschenk allein bezahlen". Aber die Schwester antwortet: „Wenn du mir drei Viertel von deinem Geld gibst, dann kann ich auch allein mit 18 Euro das Geschenk bezahlen".

Wie viel Geld hat die Schwester und der Bruder?

13. Karl kauft Hefte

Karl möchte für die Schule karierte und linierte Hefte kaufen. Er rechnet aus, dass wenn er 4 karierte und 4 linierte Hefte kauft, dann bleiben ihm noch 1,60 Euro übrig. Wenn er aber 5 karierte und 5 linierte Hefte kauft, dann braucht er noch 1,25 Euro. Endlich kommt er zu der Lösung, dass wenn er 4 karierte und 5 linierte Hefte kauft, reicht das Geld.

Wie viel Geld hat Karl?

Wie viel kosten ein kariertes und ein liniertes Heft?

14. Drei Freunde tauschen Geld

Drei Freunde – Hans, Peter und Stefan – tauschen ihr Geld unter einander in zwei Runden.

Bei jeder Geldübergabe soll nur so viel Geld übergeben werden, wie der Empfänger zu dem Moment hat.

In der ersten Runde gibt Hans einen Teil von seinem Geld an Peter, Peter einen Teil von seinem Geld an Stefan und Stefan einen Teil von seinem Geld an Hans.

In der zweiten Runde gibt Hans erneut einen Teil von seinem Geld an Peter, Peter einen Teil an Stefan und Stefan einen Teil an Hans.

Nach der letzten Geldübergabe hat jeder 16 Euro.

Wie viel Geld hatten Hans, Peter und Stefan am Anfang?

15. Ein Händler kauft Stoffrollen

Ein Händler hat 64 Stoffrollen aus 5 verschiedenen Farben für 4860 Euro gekauft. 20 Stoffrollen waren blau, 13 schwarz, 5 rot, 19 grün und 7 braun.

Eine schwarze Stoffrolle kostete 40 Euro mehr als eine blaue, eine rote 30 Euro weniger als eine schwarze, eine grüne 20 Euro weniger als eine rote und eine blaue 10 Euro mehr als eine grüne.

Wie hoch war die Preise für eine blaue, schwarze, rote, grüne und braune Stoffrolle?

16. Wie viel kostet das Pferd?

Ein Pferdezüchter verkauft ein Pferd für 10000 Euro. Ein Bauer sagt, dass er das Pferd kaufen möchte, aber der Preis zu hoch sei.

Darauf antwortete der Verkäufer: „Wenn 10000 Euro für das Pferd zu teuer sind, dann nimmt es umsonst. Bezahle nur für die Nägel, die das Pferd in den Hufeisen hat. Jedes der 4 Hufeisen hat 6 Nägel, also sind es 24 Nägel insgesamt. Für den ersten Nagel zahle nur 1 Cent, für den zweiten 2 Cent und für jeden weiteren immer zweimal mehr als für den vorherigen".

Der Bauer überlegt sich, dass er für die Nägel viel weniger zahlen müsste als 10000 Euro und willigt ein.

Wie viel musste der Bauer für das Pferd zahlen?

17. Ein Testament

Ein Vater hinterlässt ein Testament, in dem festgesetzt ist, dass sein Vermögen unter seinen 5 Kindern auf folgende Weise verteilt werden soll:

Das älteste Kind soll 100 Euro und den sechsten Teil des dann verbleibenden Restes erhalten. Dem zweiten Kind sollen anschließend 200 Euro und den sechsten Teil des neu bleibenden Restes ausgezahlt werden. Dem dritten Kind 300 Euro und den sechsten Teil des neu bleibenden Restes und dem vierten Kind 400 Euro und den sechsten Teil des neu bleibenden Restes ausgezahlt werden. Das jüngste Kind soll zum Schluss 500 Euro bekommen und damit wäre das gesamte Vermögen verteilt.

Wie groß ist das Vermögen des Vaters und wie viel Geld soll jedes Kind bekommen?

Lösungen

1. Betrag von 50 Cent

Den Zahlungsbetrag bezahlt man mit 20 Münzen:
$2 * 0,10 + 2 * 0,05 + 4 * 0,02 + 12 * 0,01 = 0,50$ €

2. Betrag von 99 Cent

Den Zahlungsbetrag bezahlt man mit 20 Münzen:
$2 * 0,20 + 3 * 0,10 + 2 * 0,05 + 6 * 0,02 + 7 * 0,01 = 0,99$ €

3. Betrag von 9,99 Euro

Die Rechnung bezahlt man mit 20 Münzen:
$8 * 1,00 + 3 * 0,50 + 1 * 0,20 + 1 * 0,10 + 2 * 0,05 + 4 * 0,02 + 1 * 0,01 = 9,99$ €

oder:
$9 * 1,00 + 1 * 0,50 + 1 * 0,20 + 1 * 0,10 + 2 * 0,05 + 3 * 0,02 + 3 * 0,01 = 9,99$ €

4. Betrag von 46 Euro in 8 Teilen zerlegen

$4,00 + 4,50 + 5,00 + 5,50 + 6,00 + 6,50 + 7,00 + 7,50 = 46$ €

5. Drei Kinder

Bezeichnet man mit x, y und z das Geld, welches die Kinder Hans, Franz und Anna zum Feiertag bekommen haben, ergeben sich aus der Aufgabenstellung folgende Gleichungen:
$x + y + z = 38$
$x = 1,5y$
$z = 2y/3$

69

Setzt man x und z in die 1. Gleichung ein, dann bekommt man:

$1,5y + y + 2y/3 = 38$

$2,5y*3 + 2y = 38*3$

$9,5y = 114$

$=> y = 114/9,5 = 12$

$=> x = 1,5/12 = 18$

$=> z = 2*12/3 = 8$

Hans bekommt 18 €, Franz 12 € und Anna 8 € Taschengeld.

6. Wie viel Geld hat der Sohn?

Man bezeichnet mit x das Geld des Sohnes am Anfang.

In der Aufgabenstellung borgte sich der Sohn vier Mal Geld und gab jedes Mal 10, 8, 6 und 4 € aus. Wie viel Geld er jedes Mal im Geldbeutel hatte drücken die folgenden Gleichungen aus:

nach Leihe vom Vater	$x + x - 10 = 2x - 10$
nach Leihe von Mutter	$2x - 10 + 2x - 10 - 8 = 4x - 28$
nach Leihe vom Bruder	$4x - 28 + 4x - 28 - 6 = 8x - 62$
nach Leihe von Schwester	$8x - 62 + 8x - 62 - 4 = 16x - 128$

Zum Schluss war der Geldbeutel leer, deshalb folgt die Gleichung:

$16x - 128 = 0$

$=> x = 128/16 = 8$

Am Anfang hatte der Sohn 8 €.

7. Ein Faulenzer und der Teufel

Man bezeichnet mit x das Geld des Faulenzers am Anfang.

Als sich bei jeder Überquerung der Brücke das Geld im Geldbeutel verdoppelte und er dem Teufel 16 € abgab, hatte er im Geldbeutel so viel Geld:

nach dem 1. Übergang $\quad x + x - 16 = 2x - 16$
nach dem 2. Übergang $\quad 2x - 16 + 2x - 16 - 16 = 4x - 48$
nach dem 3. Übergang $\quad 4x - 48 + 4x - 48 - 16 = 8x - 112$

Zum Schluss war der Geldbeutel leer, deshalb folgt die Gleichung:
$8x - 112 = 0$
$\Rightarrow x = 112/8 = 14$

Am Anfang hatte der Faulenzer 14 €.

8. Ein Wirt und ein Arbeiter

Man bezeichnet mit x die Arbeitstage des Arbeiters und mit y die arbeitsfreien Tage.

Aus der Aufgabenstellung folgen die Gleichungen:
$x + y = 60$
$20x - 30y = 0$

Setzt man $y = 60 - x$ in die 2. Gleichung, dann folgt:
$20x - 30*(60 - x) = 0$
$50x = 1800$
$\Rightarrow x = 1800/50 = 36$
$\Rightarrow y = 60 - 36 = 24$

Der Arbeiter hat nur 36 Tage gearbeitet und 24 Tage war er nicht auf der Arbeit. Für die 36 Arbeitstage hat er 36 * 20 € = 720 € verdient.

Für die arbeitsfreien 24 Tage musste er 24 * 30 € = 720 € zurückzahlen.

9. Vier Freunde

Bezeichnet man das Geld der 4 Freundes mit x_1, x_2, x_3 und x_4, dann ergeben sich aus der Aufgabenstellung folgende vier Gleichungen:

$$x_2 + x_3 + x_4 = 90 \qquad x_1 + x_3 + x_4 = 85$$
$$x_1 + x_2 + x_4 = 80 \qquad x_1 + x_2 + x_3 = 75$$

Man berechnet x_3 und x_4 aus 3. und 4. Gleichungen:

$$x_4 = 80 - x_1 - x_2$$
$$x_3 = 75 - x_1 - x_2$$

und setzt sie in die 1. und 2. Gleichung ein:

$$x_2 + (75 - x_1 - x_2) + (80 - x_1 - x_2) = 90$$
$$x_1 + (75 - x_1 - x_2) + (80 - x_1 - x_2) = 85$$
$$\Rightarrow 2x_1 + x_2 = 65$$
$$\Rightarrow x_1 + 2x_2 = 70$$

Setzt man $x_2 = 65 - 2x_1$ in die 2. Gleichung ein, dann folgt:

$$x_1 + 2 * (65 - 2x_1) = 70$$
$$\Rightarrow 3x_1 = 130 - 70 = 60$$
$$\Rightarrow x_1 = 20$$
$$\Rightarrow x_2 = 65 - 2 * 20 = 25$$

Aus 3. und 4. Gleichungen folgt:

$$x_3 = 75 - 20 - 25 = 30$$
$$x_4 = 80 - 20 - 25 = 35$$

Der erste Freund hat 20 €, der zweite 25 €, der dritte 30 € und der vierte 35 €.

10. Drei Freunde

Man bezeichnet mit x, y und z das Geld vom ersten, zweiten und dritten Freund.

Aus der Aufgabenstellung folgen die Gleichungen:

$x + y/2 = 52$

$y + z/3 = 52$

$z + x/2 = 52$

Setzt man z in die 2. und danach in die 1. Gleichung ein, dann bekommt man:

$y = 52 - (52 - x/2)/3$

$x = 52 - (104 + x/2)/6$

$=> y = (104 + x/2)/3$

$=> x = (208 - x/2)/6$

Aus 2. und 1. Gleichungen folgt:

$6x = 208 - x/2$

$13x = 416$

$=> x = 416/13 = 32$

$y = (104 + 32/2)/3$

$=> y = 120/3 = 40$

Aus der 3. Gleichung bekommt man:

$z = 52 - 32/2 = 36$

Die drei Freunde haben jeweils 32 €, 36 € und 40 €.

11. Drei Schüler und 17 Euro

Man bezeichnet mit x, y und z das Geld vom ersten, zweiten und dritten Schüler.

Aus der Aufgabenstellung ergeben sich folgende Gleichungen:

$x + 1/2 * (y + z) = 17$

$y + 1/3 * (x + z) = 17$

$z + 1/4 * (x + y) = 17$

=> 2x + y + z = 34
=> x + 3y + z = 51
=> x + y + 4z = 68

Eliminiert man z, dann folgt aus 1. und 2. Gleichungen:
x – 2y = – 17

und aus 2. und 3. Gleichung folgt:
3x + 11y = 136

Setzt man x = 2y – 17 aus 1. Gleichung in die 2. Gleichung ein, dann bekommt man:
3 * (2y – 17) + 11y = 136
=> 17y = 136 + 51 = 187
=> y = 187/17 = 11
=> x = 2 * 11 – 17 = 5
=> z = 34 – 2 * 5 – 11 = 13

Die drei Schüler haben 5 €, 11 € und 13 €.

12. Schwester und Bruder

Bezeichnet man mit x das Geld der Schwester und mit y das Geld des Bruders, dann ergeben sich aus der Aufgabenstellung folgende Gleichungen:
x + 2y/3 = 18
3x/4 + y = 18
=> 3x + 2y = 54
=> 3x + 4y = 72

Nach Subtraktion der zwei Gleichungen bekommt man:
2y = 18
y = 9

und:
x = 18 – 2 * 9/3 = 12

Die Schwester hat 12 € und der Bruder 9 €.

13. Karl kauft Hefte

Man Bezeichnet mit x den Preis für 1 kariertes Heft, mit y den Preis für ein liniertes Heft und mit z das Geld des Karls.

Aus der Aufgabenstellung folgen die Gleichungen:
4x + 4y = z – 1,60
5x + 5y = z + 1,25
4x + 5y = z

Setzt man z in die ersten zwei Gleichungen ein, dann folgt:
4x + 4y = 4x + 5y – 1,60
5x + 5y = 4x + 5y + 1,25
=> y = 1,60
=> x = 1,25

Setzt man y und x in die dritte Gleichung ein, dann folgt:
=> z = 4*1,25 + 5*1,60 = 13

Ein kariertes Heft kostet 1,25 € und ein liniertes Heft kostet 1,60 €. Karl hat 13 €.

14. Drei Freunde tauschen Geld

Man bezeichnet mit x, y und z das Geld von Hans, Peter und Stefan am Anfang.

In der ersten Runde gibt Hans von seinem Geld x an Peter einen Betrag y und ihm bleibt ein Betrag x – y.

Dann gibt Peter von seinem momentan vorhandenen Geld y + y an Stefan einen Betrag z und ihm bleibt ein Betrag 2y – z.

Anschließend gibt Stefan von seinem momentan vorhandenen Geld z + z an Hans einen Betrag x – y und ihm bleibt ein Betrag 2z – (x – y).

Demnach hat jeder nach der ersten Übergabe folgendes Geld:
Hans: 2(x – y)
Peter: 2y – z
Stefan: 2z – (x – y)

In der zweiten Runde gibt Hans erneut von seinem momentan vorhandenen Geld 2(x – y) an Peter den Betrag von 2y - z und ihm bleibt ein Betrag von 2(x – y) – (2y – z).

Dann gibt Peter von seinem momentan vorhandenen Geld (2y – z) + (2y – z) = 2(2y – z) an Stefan den Betrag 2z – (x – y) und ihm bleibt ein Betrag von 2(2y – z) – (2z – (x – y)).

Anschließend gibt Stefan von seinem momentan vorhandenen Geld 2(2z – (x – y)) an Hans den Betrag 2(x – y) – (2y – z) und ihm bleibt ein Betrag von 2(2z – (x – y)) – (2(x – y) – (2y – z)).

Nach der zweiten Übergabe hat jeder folgendes Geld:
Hans: 2(2(x – y) – (2y – z)) = 4x – 8y + 2z
Peter: 2(2y – z) – (2z – (x – y)) = x + 3y – 4z
Stefan: 2(2z – (x – y)) – (2(x – y) – (2y – z)) = - 4x + 6y + 3z

Aus der Aufgabenstellung folgen die drei Gleichungen:
$4x – 8y + 2z = 16$
$x + 3y – 4z = 16$
$- 4x + 6y + 3z = 16$

Eliminiert man x, dann folgt aus 1. und 3. Gleichung:
$- 2y + 5z = 32$

und aus 2. und 3. Gleichungen folgt:
$18y - 13z = 80$

Nach der Lösung der zwei letzten Gleichungen bekommt man:
$32z = 368$
$\Rightarrow z = 368/32 = 11{,}5$
$\Rightarrow y = (-32 + 5 * 11{,}5)/2 = 12{,}75$
$\Rightarrow x = 16 - 3 * 12{,}75 + 4 * 11{,}5 = 23{,}75$

Am Anfang hatten Hans 23,75 €, Peter 12,75 € und Stefan 11,50 € (insgesamt also 48 €).

15. Ein Händler kauft Stoffrollen

Man bezeichnet den Preis für eine Stoffrolle wie folgt:
blau x, schwarz y, rot z, grün s und braun t.

Aus der Aufgabenstellung folgen die Gleichungen:
$20x + 13y + 5z + 19s + 7t = 4860$
$y = x + 40 \quad z = y - 30$
$s = z - 20 \quad t = s + 10$

Aus den Gleichungen folgt:
$z = x + 40 - 30 = x + 10$
$s = x + 10 - 20 = x - 10$
$t = x - 10 + 10 = x$

und aus erster Gleichung:
$20x + 13(x+40) + 5(x+10) + 19(x-10) + 7x = 4860$
$\Rightarrow 64x = 4480$
$\Rightarrow x = 4480/64 = 70$

Aus den Gleichungen ergibt sich:
$y = 70 + 40 = 110$
$z = 110 - 30 = 80$

s = 80 – 20 = 60

t = 60 + 10 = 70

Der Preis für eine blaue Stoffrille war 70 €, schwarze 110 €, rote 80 €, grüne 60 €, braune 70 €.

16. Wie viel kostet das Pferd?

Der Preis für die 24 Nägel ist lässt sich mit folgender Formel berechnen:

$$(1+2+2^2+2^3+...+2^{23}) \text{ Cent} = (2^{24} – 1) \text{ Cent} = 167772,15 \text{ €}$$

Zahl der Nägel	Kosten, €	Zahl der Nägel	Kosten, €
1	0,01	2	0,02
3	0,04	4	0,08
5	0,16	6	0,32
7	0,64	8	1,24
9	2,56	10	5,12
11	10,24	12	20,48
13	40,96	14	81,92
15	163,84	16	327,68
17	655,36	18	1310,72
19	2621,44	20	5242,88
21	10485,76	22	20971,52
23	41943,04	24	83886,08

Insgesamt ist der Preis für 24 Nägel 167772,15 €.

Für so einen Preis für die Nägeln kann man auch ein Pferd dazu schenken.

17. Ein Testament

Wir bezeichnen das Vermögen mit x (in €).

Der älteste Sohn bekommt davon:
100 + 1/6 * (x – 100) = x/6 + 500/6

Das neu gebliebene Vermögen ist gleich:
x – x/6 – 500/6 = 5x/6 – 500/6

Der zweite Sohn bekommt davon:
200 + 1/6 * (5x/6 -500/6 – 200) = 5x/36 + 5500/36

Das neu gebliebene Vermögen ist gleich:
5x/6 – 500/6 – 5x/36 – 5500/36 = 25x/36 – 8500/36

Der dritte Sohn bekommt davon:
300 + 1/6 * (25x/36 - 8500/36 – 300) = 25x/216 + 45500/216

Das neu gebliebene Vermögen ist gleich:
25x/36 – 8500/36 – 25x/216 – 45500/216 = 125x/216 – 96500/216

Der vierte Sohn bekommt davon:
400 + 1/6 * (125x/216 – 96500/216 – 400) =
125x/1296 + (518400 – 96500 – 86400)/1296 =
125x/1296 + 335500/1296

Das neu gebliebene Vermögen ist gleich:
125x/216 – 96500/216 – 125x/1296 – 335500/1296 =
625x/1296 – 914500/1296.

In der Aufgabenstellung steht, dass der fünfte Sohn schließlich das neu gebliebene Vermögen von 500 € bekommen soll.
Deshalb gilt:
625x/1296 – 914500/1296 = 500

Dividiert man durch 125, folgt:
5x/1296 – 7316/1296 = 4

Nach Multiplikation mit 1296 gilt:

$5x - 7316 = 5184$

$\Rightarrow 5x = 12500$

$\Rightarrow x = 2500$

Das Vermögen ist 2500 €.

Der erste Sohn soll bekommen:

$(2500 + 500)/6 = 500$ €

Der zweite Sohn soll bekommen:

$(5 * 2500 + 5500)/36 = 500$ €

Der dritte Sohn soll bekommen:

$(25 * 2500 + 45500)/216 = 10800/216 = 500$ €

Der vierte Sohn soll bekommen:

$(125 * 2500 + 335500)/1296 = 648000/1296 = 500$ €

Der fünfte Sohn soll bekommen: 500 €

6 Abmessen mit Umfüllen

Aufgaben

1. Wie kann man 3 Liter Wasser abmessen?

Ein Mann hat nur einen 4 Liter Krug und ein 5 Liter Gefäß zur Verfügung.

Wie kann er 3 Liter Wasser aus einem 10 Liter Fass abmessen?

2. Wie kann man 4 Liter Wasser abmessen?

Ein Mann hat nur einen 3 Liter Krug und ein 5 Liter Gefäß zur Verfügung.

Wie kann er 4 Liter Wasser aus einem 10 Liter Fass abmessen?

3. Wie kann man 6 Liter Wasser abmessen?

Ein Mann hat nur einen 3 Liter Krug und ein 7 Liter Gefäß zur Verfügung.

Wie kann er 5 Liter Wasser aus einem 10 Liter Fass abmessen?

4. Wie kann man 6 Liter Wasser abmessen?

In einem Fass sind 12 Liter Wasser.

a) Wie kann man mit einem 4 Liter Krug und einem 9 Liter Gefäß aus dem Fass 6 Liter Wasser abmessen?

b) Wie kann man mit einem 5 Liter Krug und einem 9 Liter Gefäß aus dem Fass 6 Liter Wasser abmessen?

Hinweis: Das Wasser kann man in das Fass zurückgießen.

5. Wie kann man 8 Liter Wasser abmessen?

In einem Fass sind 14 Liter Wasser.

Wie kann man mit 5 Liter Krug und einem 9 Liter Gefäß 8 Liter Wasser abmessen?

6. Wie verteilt man 8 Liter Wasser?

In einem Fass sind mehr als 8 Liter Wasser.

Wie kann man mit einem 3 Liter Krug und einem 5 Liter Krug das Wasser aus dem Fass so verteilen, dass in jedem 4 Liter Wasser wären?

7. Wie verteilt man 8 Liter Wasser?

In einem Fass sind 8 Liter Wasser.

Wie kann man mit einem 3 Liter Krug und einem 5 Liter Krug das Wasser auf zwei Gefäße so verteilen, dass in jedem 4 Liter Wasser wären?

8. Wie verteilt man 12 Liter Wasser?

In einem Fass sind 12 Liter Wasser.

a) Wie kann man mit einem 2 Liter Krug und einem 7 Liter Gefäß das Wasser auf zwei leere Gefäße so verteilen, dass in jedem 6 Liter Wasser wären?

b) Wie kann man mit einem 4 Liter Krug und einem 7 Liter Gefäß das Wasser auf zwei leere Gefäße so verteilen, dass in jedem 6 Liter Wasser wären?

9. Wie viel Wasser passt in drei Fässer?

Ein Mann hat drei Fässer A, B und C. Das Fass A ist voll mit Wasser, die Fässer B und C sind leer.

Wenn man das Wasser aus dem Fass A in das Fass B gießt bis es voll ist, dann bleibt im Fass A noch 1/4 von seinem Inhalt.

Aber wenn man das Wasser aus dem Fass A in das Fass C gießt bis es voll ist, dann bleibt im Fass A noch 1/3 von seinem Inhalt.

Um die beiden Fässer B und C voll mit Wasser aus Fass A zu füllen, braucht man noch 15 Liter Wasser.

Wie viele Liter Wasser passen in jedes Fass?

10. Wie viel Wasser passt in vier Fässer?

Ein Mann hat vier Fässer A, B, C und D, von denen die Fässer C und D den gleichen Inhalt haben.

Die Fässer A und B sind voll mit Wasser. Wenn man das Wasser aus dem Fass A in das Fass C gießt bis es voll ist, dann bleibt im Fass A noch 1/5 von seinem Inhalt.

Wenn man das Wasser aus dem Fass B in das Fass D gießt bis es voll ist, dann bleibt im Fass B noch 1/9 von seinem Inhalt.

Wenn die Fässer C und D voll mit Wasser sind und man diese in die Fässer A und B umgießt, dann braucht man noch 12 Eimer Wasser, bis die Fässer A und B voll wären.

Wie viel Eimer Wasser passt in jedes Fass?

11. Wie viel Wasser bleibt im Eimer

Aus einem Eimer mit 5 Liter Wasser gießt man einen Liter Wasser aus und gießt einen Liter Saft ein.

Nachdem man die Mischung umrührt, gießt man einen Liter der Mischung aus und gießt wieder einen Liter Saft ein.

Danach rührt man die Mischung um, gießt erneut einen Liter der Mischung aus und gießt wieder einen Liter Saft ein.

Welche Mischung aus Wasser und Saft bleibt schließlich im Eimer?

Lösungen

1. Wie kann man 3 Liter Wasser abmessen?

Nach 4 Umfüllungen sind 3 Liter Wasser im 4 Liter Krug.

Umfüllungen		1	2	3	4
10 Liter Fass	10	6	6	2	2
4 Liter Krug	0	4	0	4	3
5 Liter Gefäß	0	0	4	4	5

2. Wie kann man 4 Liter Wasser abmessen?

Nach 8 Umfüllungen sind 4 Liter Wasser im 5 Liter Krug.

Umfüllungen		1	2	3	4	5	6	7	8
10 Liter Fass	10	7	7	4	4	9	9	6	6
3 Liter Krug	0	3	0	3	1	1	0	3	0
5 Liter Gefäß	0	0	3	3	5	0	1	1	4

3. Wie kann man 5 Liter Wasser abmessen?

Nach 8 Umfüllungen sind 5 Liter Wasser im 7 Liter Krug.

Umfüllungen		1	2	3	4	5	6	7	8
10 Liter Fass	10	3	3	6	6	9	9	2	2

| 3 Liter Krug | 0 | 0 | 3 | 0 | 3 | 0 | 1 | 1 | 3 |
| 7 Liter Gefäß | 0 | 7 | 4 | 4 | 1 | 1 | 0 | 7 | 5 |

4. Wie kann man 6 Liter Wasser abmessen?

a) Nach 8 Umfüllungen sind 6 Liter Wasser im 9 Liter Gefäß.

Umfüllungen		1	2	3	4	5	6	7	8
12 Liter Fass	12	3	3	7	7	11	11	2	2
4 Liter Krug	0	0	4	0	4	0	1	1	4
9 Liter Gefäß	0	9	5	5	1	1	0	9	6

b) Nach 8 Umfüllungen sind 6 Liter Wasser im 9 Liter Gefäß.

Umfüllungen		1	2	3	4	5	6	7	8
12 Liter Fass	12	7	7	2	2	11	11	6	6
5 Liter Krug	0	5	0	5	1	1	0	5	0
9 Liter Gefäß	0	0	5	5	9	0	1	1	6

5. Wie kann man 8 Liter Wasser abmessen?

Nach 6 Umfüllungen sind 8 Liter Wasser im 9 Liter Gefäß.

Umfüllungen		1	2	3	4	5	6
14 Liter Fass	14	5	5	10	10	1	1
5 Liter Krug	0	0	5	0	4	4	5

86

9 Liter Gefäß	0	9	4	4	0	9	8

6. Wie verteilt man 8 Liter Wasser?

Nach 6 Umfüllungen sind 4 Liter Wasser im 5 Liter Krug und im 8 Liter Fass.

Umfüllungen		1	2	3	4	5	6
8 Liter Fass	8	3	3	6	1	1	4
3 Liter Krug	0	0	3	0	2	3	0
5 Liter Gefäß	0	5	2	2	5	4	4

7. Wie verteilt man 10 Liter Wasser?

Nach 10 Umfüllungen sind 5 Liter Wasser im 7 Liter Gefäß und im 10 Liter Fass.

Umfüllungen		1	2	3	4	5	6	7	8	9	10
10 Liter Fass	10	7	7	4	4	1	1	8	8	5	5
3 Liter Krug	0	3	0	3	0	3	2	2	0	3	0
7 Liter Gefäß	0	0	3	3	6	6	7	0	2	2	5

8. Wie verteilt man 12 Liter Wasser?

a) Nach 6 Umfüllungen sind 6 Liter Wasser im 7 Liter Gefäß und im 12 Liter Fass.

Umfüllungen		1	2	3	4	5	6

12 Liter Fass	12	10	10	8	8	6	6
2 Liter Krug	0	2	0	2	0	2	0
7 Liter Gefäß	0	0	2	2	4	4	6

b) Nach 7 Umfüllungen sind 6 Liter Wasser im 7 Liter Gefäß und im 12 Liter Fass.

Umfüllungen		1	2	3	4	5	6	7
12 Liter Fass	12	5	5	9	9	2	2	6
4 Liter Krug	0	0	4	0	3	3	4	0
7 Liter Gefäß	0	7	3	3	0	7	6	6

9. Wie viel Wasser passt in drei Fässer?

Bezeichnet man mit a, b und c den Inhalt in Litern in den Fässern A, B und C, dann ergeben sich aus der Aufgabenstellung die drei Gleichungen:

$a = b + a*1/4$

$a = c + a*1/3$

$a + 15 = b + c$

Nach der Lösung der ersten zwei Gleichungen folgt:

$3a = 4b$

$2a = 3c$

$=> b = 3a/4$

$=> c = 2a/3$

Aus der dritten Gleichung folgt:

$a + 15 = 3a/4 + 2a/3$

88

=> 12a + 180 = 9a + 8a
=> 5a = 180
=> a = 36

Im Fass A sind 36, im Fass B 36 * 3/4 = 27 und im Fass C 36 * 2/3 = 24 Liter Wasser.

10. Wie viel Wasser passt in vier Fässer?

Bezeichnet man mit a, b, c und d den Inhalt in Litern in den Fässern A, B, C und D, dann ergeben sich aus der Aufgabenstellung vier Gleichungen:
c = d
a = c + a/5
b = d + b/9
a + b = c + d + 12

Nach der Lösung der ersten drei Gleichungen folgt:
4a = 5c
8b = 9d
=> c = d = 4a/5
=> b = 9d/8
=> b = 9*4a/5/8 = 9a/10

Aus der vierten Gleichung folgt:
a + 9a/10 = 4a/5 + 4a/5 + 12
a + 9a/10 = 8a/5 + 12
10a +9a = 16a + 120
3a = 120
=> a = 40

Im Fass A sind 40, im Fass B 9 * 40/10 = 36, im Fass C 4 * 40/5 = 32 und im Fass D 32 Liter Wasser.

11. Wie viel Wasser bleibt im Eimer?

Bezeichnet man Wasser mit W und Saft mit S, dann stellt sich die dreifache Umfüllung wie folgt dar.

Wenn man aus dem Eimer 1 Liter Wasser ausgießt und 1 Liter Saft eingießt, hat man im Eimer eine Mischung aus:
$5W - 1W + 1S = 4W + 1S$

Wenn man danach aus dem Eimer 1 Liter Mischung ausgießt und 1 Liter Saft eingießt, hat man im Eimer Mischung aus:
$4W + 1S - 1/5 * (4W + 1S) + 1S =$
$1/5 * (20W + 5S - 4W - 1S + 5S) =$
$1/5 * (16W + 9S)$

Wenn man schließlich aus dem Eimer 1 Liter Mischung ausgießt und 1 Liter Saft eingießt, hat man im Eimer Mischung aus:
$1/5 * (16W + 9S) - 1/5 * (16W + 9S)/5 + 1S =$
$1/25 * (80W + 45S - 16W - 9S + 25S) =$
$1/25 * (64W + 61S) =$
$2,56 W + 2,44 S$

Im Eimer ist eine Mischung aus 2,56 Litern Wasser und aus 2,44 Litern Saft.

7 Die Reisenden

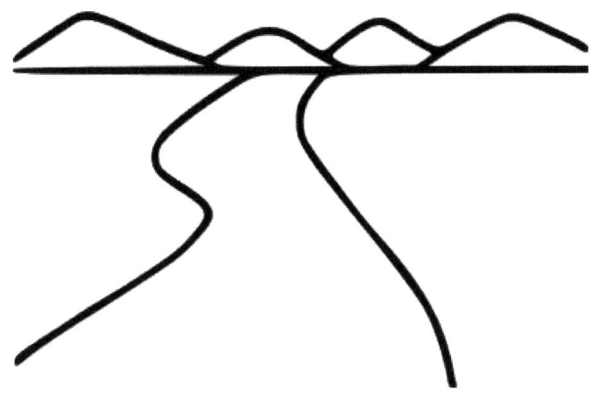

Aufgaben

1. Wann holt Peter den Franz ein?

Franz begann eine Reise aus einer Stadt und legte jeden Tag 20 km zurück. Am nächsten Tag folgte Peter ihm vom selben Startpunkt hinterher und legt jeden Tag 25 km zurück.

Am welchen Tag holt Peter den Franz ein?

Welche Strecke haben sie in dieser Zeit zurückgelegt?

2. Wann treffen sich die Reisenden?

Zwei Reisende gehen sich gleichzeitig aus zwei Städten, die 150 km auseinander liegen entgegen. Der Erste legt jeden Tag 15 km zurück und der Zweite 10 km.

Wann treffen sich die Reisenden?

3. Wann treffen sich die Radfahrer?

Peter fährt mit dem Fahrrad von seinem Dorf zu seinem Freund Franz, der in einem anderen Dorf wohnt. Peter legt die Strecke in zwei Stunden zurück. Franz legt mit dem Fahrrad die gleiche Strecke aus seinem Dorf zu Peters Dorf in drei Stunden zurück.

Nach wie vielen Minuten treffen sich die Radfahrer, wenn sie sich gleichzeitig aus ihren Dörfern entgegenfahren?

4. Wann treffen sich die Läufer?

Zwei Läufer, Heinrich und Hans, trainieren gleichzeitig auf der 600 Meter-Laufbahn des Sportplatzes. Heinrich läuft mit einer Geschwindigkeit von 12 km/h und Hans mit 10 km/h. Sie haben vereinbart, so viele Runde zu laufen bis Heinrich Hans einholt und damit überrundet.

Nach wie vielen Minuten hat Heinrich Hans eingeholt und wie viele Runden hat jeder in dieser Zeit zurückgelegt?

5. Wann holt Klaus den Peter ein?

Klaus und Peter wollen auf einer Strecke wettlaufen. Klaus läuft in 5 Minuten eine Strecke von 1000 Metern und Peter läuft in 2 Minuten eine Strecke von 350 Metern.

Peter bekommt ein Vorsprung von 150 Metern. Sie starten gleichzeitig und Klaus will den Peter einholen.

Nach wie vielen Minuten wird Peter eingeholt und welche Strecke hat Klaus zurückgelegt?

6.Wie weit ist es noch?

Ein Wanderer holt auf dem Weg einen Mann ein und fragt: „Wie weit ist es noch bis zum nächsten Dorf?"

Der Mann antwortet: „Die Strecke zwischen hier und dem Dorf, von dem du kommst, ist ein Drittel von der Strecke zwischen den Dörfern. Wenn du noch 2 km zurücklegst, dann bist du in der Mitte zwischen den Dörfern".

Wie weit ist es noch bis zum nächsten Dorf?

7. Wer gewinnt die Wette?

Zwei Schüler, Peter und Franz, haben vereinbart, dass sie jeden Tag Radfahren werden bis jeder insgesamt eine Strecke von 120 km zurückgelegt hat.

Peter legt mit dem Fahrrad jeden Tag 10 km zurück. Franz startet gleichzeitig mit dem Fahrrad und legt am ersten Tag 3 km, am zweiten Tag 5 km und an jedem folgenden Tag legt er 2 km mehr zurück als am Tag davor.

Nach wie vielen Tagen legen sie die 120 km lange Strecke zurück?

Wer legt am schnellsten die 120 km lange Strecke zurück?

Lösungen

1. Wann holt Peter den Franz ein?

Bezeichnen wir mit t die Tage, die Franz gebraucht hat, dann ergibt sich aus der Aufgabenstellung folgende Gleichung:

$20 * t = 25 * (t - 1)$

$5t = 25$

$=> t = 5$

Am Ende des 5. Tages holt Peter den Franz ein, aber Peter hat nur 4 Tage benötigt. Sie haben eine Strecke von 100 km zurückgelegt.

2. Wann treffen sich die Reisenden?

Bezeichnen wir mit t die Anzahl der Tage, bis die Reisenden sich treffen, dann ergibt sich aus der Aufgabenstellung die Gleichung:

$15 * t + 10 * t = 150$

$=> 25t = 150$

$=> t = 6$

Die Reisenden treffen sich am Ende des 6. Tages und haben 90 km und 60 km zurückgelegt.

3. Wann treffen sich die Radfahrer?

Bezeichnen wir mit x die Strecke zwischen den Dörfern und mit t die Zeit (in Stunden) bis zum Treffen auf der Strecke, dann ist Peters Geschwindigkeit x/2 km/h und die vom Franz x/3 km/h.

In der Aufgabenstellung ist gegeben, dass sie in der Zeit t die gesamte Strecke zurückgelegt haben:

$(x/2) * t + (x/3) * t = x$

$3xt + 2xt = 6x$

$3t + 2t = 6$

$5t = 6$

$=> t = 6/5 = 1,2$ Stunde $= 72$ Minuten

Nach 72 Minuten treffen sich die Radfahrer.

4. Wann treffen sich die Läufer?

Wir bezeichnen mit t die Zeit in Stunden bis sich die Läufer nach dem Start wieder treffen.

Für gleichförmige Bewegungen berechnet man die Wegstrecke mit der Formel: Weg = Geschwindigkeit * Zeit

In der Zeit t hat Heinrich bei einer Geschwindigkeit von 12 km/h eine Strecke von 12*t und Hans bei einer Geschwindigkeit von 10 km/h eine Strecke von 10*t zurückgelegt.

In der Aufgabenstellung ist gegeben, dass Heinrich eine Bahn mehr zurücklegt bis er Hans einholt und überrundet. Daraus lässt sich folgende Gleichung ableiten:

$12t = 10t + 0,6$

$=> 2t = 0,6$ h

$=> t = 0,3$ h $= 18$ Minuten

Heinrich hat in 0,3 Stunden eine Strecke von 12km/h * 0,3 h = 3,6 km zurückgelegt. Das sind 3,6 km : 0,6 km/Runde = 6 Runden.

Hans hat in 0,3 Stunden eine Strecke von 10km/h * 0,3 h = 3 km zurückgelegt. Das sind 3 km : 0,6 km/Runde = 5 Runden.

96

5. Wann holt Klaus den Peter ein?

Wir bezeichnen mit t die Zeit in Minuten bis Klaus den Peter einholt.

In der Aufgabenstellung heißt es, dass die Geschwindigkeit vom Klaus 1000 m/5 Min = 200 m/Min beträgt und die vom Peter 350 m/2Min = 175 m/Min.

Da Peter einen Vorsprung von 150 m hat, folgt die Gleichung:
200t = 175t + 150
25t = 150
=> t = 150/25 = 6 Min

Nach 6 Minuten hat Klaus Peter eingeholt und Klaus hat eine Strecke von 200 m/Min * 6 Min = 1,2 km zurückgelegt.

6. Wie weit ist es noch?

Bezeichnen wir mit x die Strecke von hier bis zum nächsten Dorf und mit y die Strecke von hier bis zu Hause, dann ergeben sich aus der Aufgabenstellung folgende Gleichungen:
y = 1/3 * (x + y)
y + 2 = 1/2 * (x + y)

Nach der Lösung folgt:
3y = x + y
2y + 4 = x + y
=> 3y = 2y + 4
=> y = 4
=> x = 2 * 4 = 8

Es sind noch 8 km bis zum nächsten Dorf.

7. Wer gewinnt die Wette?

Peter legt die Strecke von 120km/10km/Tag in 12 Tagen zurück.

Franz legt die gleiche Strecke von 3km + 5km + 7km + 9km + 11km + 13km + 15km + 17km + 19km + 21km = 120km in 10 Tagen zurück und gewinnt.

8 Erraten gedachter Zahlen

Mit einem Trick kann man sich bei den Freunden als genialer Hellseher vorstellen. Dazu braucht man nur einige algebraische Kenntnisse, um die heimlichen Rechnungen im Kopf durchzuführen.

Aufgaben

1. Wie errät man eine einstellige Zahl?

Man bittet jemanden, sich eine einstellige Zahl zu denken und diese mit sich selbst zu multiplizieren. Zu dem Produkt soll das Doppelte der gedachten Zahl addiert werden. Danach soll zu dieser Summe noch die Zahl 1 addiert und das Ergebnis ihnen genannt werden.

Je nach Ergebnis, können sie die gedachte Zahl erraten.

Wie macht man das?

2. Wie errät man noch eine einstellige Zahl?

Man bittet jemanden, sich eine einstellige Zahl zu denken und diese mit 2 zu multiplizieren und um 6 zu vermehren. Diese Summe ist mit 5 zu multiplizieren und um 10 zu vermehren. Danach soll diese Summe noch mit 10 multipliziert und ihnen das Ergebnis genannt werden.

Wenn sie jetzt von dem genannten Ergebnis 400 subtrahieren, dann ist die Zahl der Hunderterziffer die gedachte Zahl.

Warum ist das so?

3. Wie errät man zwei einstellige Zahlen?

Man bittet jemanden, sich zwei nacheinander folgende einstellige Zahlen zu denken, wobei der Unterschied zwischen den beiden Zahlen gleich eins sein soll.

Die zwei Zahlen sollen miteinander multipliziert und vom Produkt die kleinere gedachte Zahl subtrahiert werden. Danach soll die Differenz wieder mit der kleineren gedachten Zahl multipliziert werden.

Bitten sie, die letzte Ziffer der Ergebniszahl zu nennen und sie können, je nach der Ziffer, die gedachten Zahlen erraten.

Wie errät man die gedachten Zahlen?

4. Wie errät man eine zweistellige Zahl?

Man bittet jemanden, sich eine zweistellige Zahl zu denken. Jetzt soll derjenige die Zahl der Zehnerziffer der gedachten zweistelligen Zahl verdoppeln und um 5 vermehren.

Die Summe soll mit 5 multipliziert und um 10 vermehrt werden.

Zu der erhaltenen Summe soll die Zahl der Einerziffer der gedachten zweistelligen Zahl addiert und das Ergebnis ihnen genannt werden.

Wenn sie jetzt von dem genanntem Ergebnis 35 subtrahieren, dann bekommen sie die gedachte Zahl.

Warum ist das so?

5. Wie errät man eine dreistellige Zahl?

Man bittet jemanden, sich eine dreistellige Zahl zu denken und zu ihr noch mal die gedachte Zahl dazuzuschreiben.

Derjenige soll nun die erhaltene sechsstellige Zahl verdoppeln.

Anschließend soll das Ergebnis nacheinander dividiert werden, erst durch 7, dann den Quotienten durch 11 und schließlich den neu erhaltenen Quotienten durch 13.

Wenn jemand sagt, dass die Zahlen nicht teilbar sind, dann hat er irgendwo einen Fehler gemacht und muss das korrigieren.

Derjenige soll ihnen das Ergebnis nennen und sie können die gedachte Zahl nennen, wenn sie das Ergebnis durch zwei dividieren.

Warum ist das so?

6. Wie errät man das Ergebnis?

Man lässt jeden der Freunde sich eine dreistellige Zahl denken, aber unbedingt ein, bei welcher der Unterschied zwischen der Zahl der Hunderterziffer und der Zahl der Einerziffer größer als 1 ist.

Wenn jetzt jeder die eigene Zahl umdreht, dann erhält jeder eine neue Zahl (zum Beispiel: 734 => 437). Jeder soll von der gedachten und der neun Zahl, von der größeren Zahl die kleinere Zahl subtrahieren.

Wenn jeder jetzt die erhaltene Zahl wieder umdreht, dann bekommt er wieder insgesamt zwei Zahlen.

Jetzt soll jeder die Summe der zwei erhaltenen Zahlen berechnen.

Nachdem soll jeder zu der Summe eine vorgegebene Zahl addieren, z. B. der erste addiert 100, der zweite 150, der dritte 200 usw.

Wenn jeder die Summe berechnet hat, dann können sie jedem das Ergebnis nennen.

Um das Ergebnis zu erraten, müssen sie zu der Zahl 1089 jedem die letzte vorgegebene Zahl addieren. So wird das Ergebnis beim ersten 1189, beim zweiten 1239, beim dritten 1289 usw.

Es ist noch besser, wenn sie die Namen der Freunde und die Ergebnisse auf einen Zettel schreiben und am Ende der Berechnung jedem den Zettel geben.

Warum ist das so?

7. Wie errät man das Alter?

Man lässt jemanden die Zahl seines Alters verdoppeln, um 4 vermehren und die Summe mit 5 multiplizieren.

Danach soll die Person das Produkt um 12 vermehren, die Summe mit 10 multiplizieren und ihnen das Ergebnis nennen.

Sie können die gedachte Zahl (das Alter) erraten, wenn sie von dem Ergebnis 320 subtrahieren und die Differenz durch 100 dividieren.

Warum ist das so?

8. Wie errät man das Alter und die Hausnummer?

Man lässt jemanden die Zahl der eigenen Hausnummer mit 4 multiplizieren und das Produkt um 7 vermehren. Die erhaltene Summe soll mit 25 multipliziert und zu dem Produkt das eigene Alter (ganze Zahl) und 125 addiert werden. Das Ergebnis soll ihnen genannt werden.

Wenn sie jetzt von dem Ergebnis 300 subtrahieren, dann sind die ersten zwei Stellen der Zahl von links die Hausnummer und die letzten zwei Stellen das Alter.

Warum ist das so?

9. Wie errät man eine durchgestrichene Ziffer?

Man lässt jemanden sich eine mehrstellige Zahl ausdenken. Die Summe der Ziffern dieser Zahl soll von der gedachten Zahl subtrahiert werden. In dieser Differenz soll eine beliebige Ziffer, die ungleich Null sein soll, durchgestrichen werden. Die Ziffern der gebliebenen Zahl sollen ihnen genannt werden.

Mit Hilfe der Summe der genannten Ziffern, können sie die durchgestrichene Ziffer errechnen, wenn sie die Differenz zwischen dieser Summe und dem nächsten Vielfachen von 9 (9, 18, 27, ...) finden.

Die Ziffer dieser Differenz ist die durchgestrichene Ziffer. Wenn die Summe das Vielfache von 9 ist, dann ist 9 die durchgestrichene Ziffer.

Warum ist das so?

10. Wie errät man noch eine durchgestrichene Ziffer?

Man lässt jemanden eine drei oder vierstellige Zahl aufschreiben, die aus verschiedenen Ziffern besteht. Anschließend sollen die Ziffern der Zahl vertauscht und die neue Zahl gemerkt werden.

Die kleinere der zwei Zahlen (aufgeschriebene und gemerkte) soll von der größeren subtrahiert werden. Innerhalb der erhaltenen Zahl (Differenz) soll eine beliebige Ziffer durchgestrichen und ihnen die Summe der gebliebenen Ziffern genannt werden.

Aus der Summe der Ziffern können sie die durchgestrichene Ziffer erraten, wenn sie die Differenz zwischen dieser Summe und dem nächsten Vielfachen von 9 (9, 18, 27, ...) berechnen.

Die Ziffer dieser Differenz ist die durchgestrichene Ziffer.

Wenn die Summe das Vielfache von 9 ist, dann ist 0 oder 9 die durchgestrichene Ziffer.

Warum ist das so?

11. Erraten des Schriftstellers

Schneiden sie aus Karton zwei Kreise, einen mit Radius 10 cm und den anderer mit Radius 6 cm. Schreiben sie innerhalb der Kreise in 12 Abschnitten Zahlen und Schriftstellernamen wie nachfolgend dargestellt auf:

Der große Kreis

Gebrüder Grimm

Johan W. von Goethe　　　Heinrich Heine

Friedrich Schiller　　　Thomas Mann

Hermann Hesse　　　Gerhard Hauptmann

Günter Grass　　　Karl May

Jack London　　　Ernest Hemingway

Leo Tolstoj

Der kleine Kreis

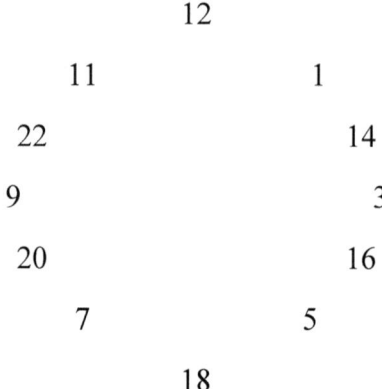

12

11   1

22   14

9   3

20   16

7   5

18

Legen sie den kleinen Kreis auf den großen und befestigen die Kreise so, dass der kleine Kreis sich um den Mittelpunkt drehen kann.

Mit Hilfe der zwei befestigten Kreise, kann man den Schriftsteller erraten, den sich jemand denkt.

Man lässt also jemanden sich einen Schriftsteller aus dem großen Kreis denken, sich die gegenüberliegende Zahl merken und den kleinen Kreis im Uhrzeigersinn um die gleiche Anzahl an Abschnitten drehen.

Wie zu Beginn der kleine Kreis steht, ist unwichtig. Sie müssen nicht wissen, um wie viele Abschnitte der kleine Kreis gedreht wird.

Um den Namen des gedachten Schriftstellers zu erraten reicht es, wenn sie nach der Umdrehung des kleinen Kreises die beide Kreise ansehen. Gegenüber dem gedachten Schriftstellernamen steht immer die Zahl 12.

Statt Schriftstellernamen kann man auch Tiernamen oder anderes in den großen Kreis eintragen

Elefant

Esel   Adler

Wolf   Bär

Löwe   Tiger

Fuchs   Katze

Hund   Hase

Maus

Was ist das Geheimnis der wunderbaren Kreise?

12. Das Wundergedächtnis

In dieser Aufgabe lernen Sie einen Trick, mit dem Sie Freunde von ihrem Wundergedächtnis beeindrucken können.

Schreiben Sie auf eine Tafel oder ein Papierblatt 20 bis 30 achtstellige Zahlen. Beim Aufschreiben nummerieren sie jede Zahl.

Zum Beispiel werden folgende Zahlen aufgeschrieben:

Nr.	Zahlen	Nr.	Zahlen	Nr.	Zahlen
1	01 123 583	11	02 246 066	21	03 369 549
2	11 235 831	12	12 358 314	22	13 471 897
3	21 347 189	13	22 460 662	23	23 583 145
4	31 459 437	14	32 572 910	24	33 695 493
5	41 561 785	15	42 684 268	25	43 707 741
6	51 673 033	16	52 796 516	26	53 819 099
7	61 785 381	17	62 808 864	27	63 921 347
8	71 897 639	18	72 910 112	28	73 033 695
9	81 909 987	19	82 022 460	29	83 145 943
10	91 011 235	20	92 134 718	30	93 257 291

Nachdem Sie die Zahlen aufgeschrieben haben, wenden Sie sich von der Tafel ab und sagen den Freunden, dass sie sich die Zahlen nun ins Gedächtnis einprägen werden. Um zu beweisen, dass sie die Zahl auswendig können, bitten Sie jemanden, Ihnen eine Nummer aus den aufgeschriebenen Zahlen zu nennen.

Sie, berechnend die achtstellige Zahl im Kopf, sagen ihnen langsam die Zahl, erst die Ziffer der Millionen, dann die Ziffer der Hunderttausender usw., als hätten sie sich an die Zahl erinnert.

Wie funktioniert das Geheimnis um das Wundergedächtnis?

13. Die Kubikwurzel berechnen

Man lässt jemanden sich eine zweistellige Zahl denken, die dritte Potenz von dieser Zahl berechnen und das Ergebnis der Potenz ihnen nennen. Sie können die Zahl erraten, indem sie die dritte Wurzel aus dem genannten Potenzwert berechnen.

Wie macht man das?

14. Die fünfte Wurzel berechnen

Ähnlich wie man die Kubikwurzel berechnet hat, kann man auch die fünfte Wurzel aus dem genannten Potenzwert berechnen.

Man lässt jemanden sich eine zweistellige Zahl denken, die fünfte Potenz von dieser Zahl berechnen und das Ergebnis der Potenz ihnen nennen. Sie können die Zahl erraten, indem sie die fünfte Wurzel aus dem genannten Potenzwert berechnen.

Wie macht man das?

Lösungen

1. Wie errät man eine einstellige Zahl?

Bezeichnet man mit x die gedachte Zahl, dann folgt aus der Aufgabenstellung:

$x*x + 2x = x^2 + 2x$

$=> x^2 + 2x + 1 = (x + 1)^2$

Aus diesem Ergebnis, das einem gesagt wird, berechnet man die Wurzel x + 1 und subtrahiert 1. Dann bekommt man x + 1 − 1 = x.

Zum Beispiel ist die gedachte Zahl 7.

Es folgt:

$7*7 + 2*7 = 63$

$63 + 1 = 64$

Aus dieser Zahl 64, die einem genannt wird, berechnet man die Wurzel 8. Wenn man 1 subtrahiert, bekommt man die gedachte Zahl 7.

2. Wie errät man noch eine einstellige Zahl?

Bezeichnet man mit x die gedachte Zahl, dann folgt aus der Aufgabenstellung:

$((2*x + 6)*5 + 10)*10 = 100x + 400$

Vom Ergebnis, das einem genannt wird, muss man 400 subtrahieren. Dann bekommt man 100x und die Zahl der Hunderter ist die gedachte Zahl x.

Zum Beispiel ist die gedachte Zahl 8.

Es folgt:
((2*8 + 6)*5 + 10)*10 = 1200

Aus diesem Ergebnis 1200, das einem gesagt wird, bekommt nach der Subtraktion von 400 das Ergebnis 800. Die Zahl der Hunderter ist die gedachte Zahl 8.

3. Wie errät man zwei einstellige Zahlen?

Bezeichnet man mit x und x + 1 die zwei gedachten Zahlen, dann folgt aus der Aufgabenstellung:
$x*(x + 1) = x^2 + x$
$x^2 + x - x = x^2$
$x^2 * x = x^3$

Die Einerziffer dieser Zahl wird einem gesagt und mit Hilfe der folgenden Tabelle findet man die gedachten Zahlen x und x+1.

$1^3 = 1$	$2^3 = 8$	$3^3 = 27$	$4^3 = 64$	$5^3 = 125$
$6^3 = 216$	$7^3 = 343$	$8^3 = 512$	$9^3 = 729$	

Nächste Hilfestellung ist die Verbindung zwischen der Zahl und der dritten Potenz der Einerziffer in folgender Tabelle:

1 –> 1	2 –> 8	3 –> 7	4 –> 4	5 –> 5
6 –> 6	7 –> 3	8 –> 2	9 –> 9	

Zum Beispiel sind die gedachten Zahlen 5 und 6.

Es folgt:
5*6 = 30

111

30 – 5 = 25
25*5 = 125

Die Einerziffer 5 der Zahl 125 wird einem gesagt. Nach der Tabelle ist die dritte Wurzel 5 und das sind die gedachte Zahlen 5 und 6.

4. Wie errät man eine zweistellige Zahl?

Man bezeichnet mit x die Zehnerziffer und mit y die Einerziffer der gedachten zweistelligen Zahl xy, dann folgt aus der Aufgabenstellung:
(2*x + 5)*5 + 10 = 10x + 35
10x + 35 + y = 10x + 35 + y

Die Summe wird einem gesagt und nach der Subtraktion der Zahl 35 bekommt man die gedachte Zahl xy:
10x + 35 + y – 35 = 10x + y = xy

Zum Beispiel ist die gedachte Zahl 23, also x = 2 und y = 3.

Es folgt:
(2*2 + 5)*5 + 10 = 55
55 + 3 = 58

Aus dieser Summe 58, die einem gesagt wird, bekommt man nach der Subtraktion von 35 die gedachte Zahl 23.

5. Wie errät man eine dreistellige Zahl?

Man bezeichnet mit xyz die dreistellige Zahl, bei der x die Hundertziffer, y die Zehnerziffer und z die Einerziffer der gedachten dreistelligen Zahl sind.

Es folgt aus der Aufgabenstellung die neue Zahl xyzxyz:
(((2*xyzxyz) : 7) : 11) : 13 = (2xyzxyz) : 1001 = 2xyz
2xyz : 2 = xyz

Das ist die gedachte dreistellige Zahl xyz.

Zum Beispiel ist die gedachte Zahl 213, also x = 2, y = 1, z = 3.

Es folgt für die Zahl 213213:
(((2*213213) : 7) : 11) : 13 = (426426) : 1001 = 426

Aus dem Ergebnis 426, das einem gesagt wird, bekommt man nach der Division durch 2 die gedachte Zahl 213.

6. Wie errät man das Ergebnis?

Bezeichnet man mit xyz die dreistellige Zahl, bei welcher der Unterschied zwischen der Hundertziffer x und der Einerziffer z der gedachten dreistelligen Zahl größer als 1 ist (x − z = n >1).

Nach der Umdrehung erhält man eine neue Zahl zyx.

Die zwei Zahlen kann man schreiben als:
xyz = 100x +10y + z
zxy = 100z + 10y + x

Subtrahiert man die zweite Gleichung aus der ersten Gleichung, dann ergibt sich die Differenz:
xyz − zyx = 100(x-z) + 10(y-y) + (z-x)

Oder, weil x − z = n ist, eine neue dreistellige Zahl:
100n + 10(0) − n = 100*(n-1) + 10*10 − n =
100*(n − 1) + 10*9 + (10 − n)

Nach der Umdrehung dieser Zahl erhält man eine neue dreistellige Zahl:
100*(10 − n) + 10*9 + (n − 1)

Addiert man die zwei Zahlen, dann bekommt man eine vierstellige Zahl:

$$100*(n-1) + 10*9 + (10-n) + 100*(10-n) + 10*9 + (n-1) =$$
$$100*(n-1+10-n) + 10*(9+9) + (10-n+n-1) =$$
$$100*(9) + 10*(18) + 9 =$$
$$100*(9+1) + 10*(8) + 9 =$$
$$100*10 + 10*8 + 9 = 1089$$

Jeder, der eine dreistellige Zahl gewählt hat und die angegebene Reihenfolge berechnet hat, bekommt als Ergebnis die gleiche Summe 1089.

Nachdem jeder zu 1089 die Zahlen 100, 150 und 200 usw. addiert hat, kann man jedem das erratene Ergebnis nennen: 1189, 1239 und 1289 usw.

Zum Beispiel ist die dreistellige Zahl $xyz = 531$ und $n = 5-1 = 4$.

Nach der Umdrehung der Zahl erhält man 135 und die Differenz ist $531 - 135 = 396$.

Nach weiterer Umdrehung dieser Zahl erhält man eine neue Zahl 693 und die Summe dieser Zahlen ist $396 + 693 = 1089$.

Wenn man jetzt zu 1089 die Zahlen 100, 150, 200 (oder andere Zahlen) addiert, dann errät man das Endergebnis.

7. Wie errät man einem die Zahl des Alters?

Bezeichnet man mit **x** die Zahl des Alters. Dann nach der Aufgabenstellung folgt:

$$((2*x + 4)*5 + 12)*10 = (10x + 32)*10 = 100x + 320$$

Die Summe wird einem gesagt.

Das Alter berechnet man wie folgt:
$$(100x + 320 - 320):100 = x$$

Zum Beispiel ist die gedachte Zahl des Alters 13.

Aus der Aufgabenstellung folgt:
(2*13 + 4)*5 + 12)*10 = 1620

Die Summe wird einem gesagt und jetzt muss man berechnen:
(1620 – 320):100 = 13

13 ist die gesuchte Zahl des Alters.

8. Wie errät das Alter und die Hausnummer?

Bezeichnet man mit x die gesuchte Zahl des Alters und mit y die Hausnummer, dann folgt aus der Aufgabenstellung:
(4*x +7)*25 = 100x + 175
100x + 175 + y + 125 = 100x + y + 300

Die Summe wird einem genannt und jetzt muss man berechnen:
100x + y + 300 – 300 = 100x + y

Die ersten zwei Ziffern zeigen das Alter an und die letzte zwei die Hausnummer.

Zum Beispiel ist die gedachte Zahl des Alters 15 und der Hausnummer 12.

Es folgt:
(4*15 +7)*25 = 1675
1675 + 12 + 125 = 1812

Die Summe 1812 wird Ihnen genannt.

Nach Subtraktion von 300 bekommt man 1512. Die erste zwei Ziffern 15 sind das Alter und die letzte zwei Ziffern 12 die Hausnummer.

9. Wie errät man eine durchgestrichene Ziffer?

Wenn man eine dreistellige Zahl wählt, z. B. 879 und die Summe der Ziffern 8 + 7 + 9 = 24 von dieser Zahl subtrahiert 879 – 24 = 855, dann bekommt man die Summe der Ziffern der neuen Zahl 8 + 5 + 5 = 18.

Die neue Summe ist immer 9, 18, 27 usw.

Wenn man eine Ziffer streicht, z.B. die 8, dann bleiben 5 + 5 = 10 und man findet die gestrichene Zahl aus 18 - 10 = 8.

Wenn man die 5 streicht, dann bleiben 8 + 5 = 13 und man findet die gestrichene Zahl aus 18 – 13 = 5.

10. Wie errät man noch eine durchgestrichene Ziffer?

Wenn man eine dreistellige Zahl wählt, z.B. 958 und nach der Vertauschung der Ziffern eine neue Zahl wählt, z.B. 589 und die kleinste Zahl von der größten Zahl subtrahiert 958 – 589 = 369, dann ist die Summe der Ziffern 3 + 6 + 9 = 18.

Die neue Summe ist immer 9, 18, 27 usw.

Deshalb, wenn man eine Ziffer streicht, z.B. streicht man 6 und es bleiben 3 + 9 = 12, dann findet man die gestrichene Zahl aus 18 – 12 = 6.

Wenn man die Zahl 3 streicht, dann sind 6 + 9 = 15 und die gestrichene Zahl ist 18 – 15 = 3.

11. Erraten des Schriftstellers

Die Lösung ist einfach und befindet sich in den Zahlen, die nach der Zahl 12 folgen. Wie bei einer Uhr, wenn man von 12 Uhr im Uhrzeigersinn weiterzählt, folgen die Zahlen 1, 2, 3, 4, 5, 6, 7, 8,

9, 10, 11. Sie zeigen den Abstand von der Zahl 12 an. Bei genauerem Hinsehen, merkt man, dass einige Zahlen um die Zahl 12 vermehrt sind, zum Beispiel: 4, 6, 8 und 10 => 16, 18, 20 und 22.

Deshalb gilt, wenn sich jemand den Namen eines Schriftstellers aus dem großen Kreis und die gegenüberliegende Zahl merkt, anschließend den kleinen Kreis im Uhrzeigersinn um die gleiche Anzahl an Abschnitten dreht, findet sich der gemerkte Schriftstellername immer gegenüber der Zahl 12.

Zum Beispiel, gegenüber Thomas Mann ist die Zahl 14. Wenn man jetzt in die Uhrzeiger Richtung den kleinen Kreis um 14 Abschnitte dreht, dann findet sich Thomas Mann gegenüber der Zahl 12.

12. Das Wundergedächtnis

Die Grundlage für das Wundergedächtnis schafft die Verbindung der Nummer mit der acht-stelligen Zahlen.

Die achtstelligen Zahlen sind so aufgeschrieben:
zur Nummer einer jeden Zahl ist die Zahl 9 addiert und die resultierende Zahl der Summe umgedreht (Zahl der Millionen).

Die Ziffern der Millionen addiert, ergibt die Zahl der Hunderttausender.

Die letzten zwei Ziffern (die Einer der Millionen und die Ziffer der Hunderttausender) addiert, ergibt die Einerziffer der Zahl der Zehntausender.

Und so geht es weiter auch für die Ziffer der Tausender, Hunderter, Zehner und Einer.

Zum Beispiel, nennt Ihnen jemand die Nummer 22.

Berechnen sie im Kopf die zugehörige Zahl wie folgt:
22 + 9 = 31 => die umgedrehte Zahl ist 13, also sagen sie 13 Millionen,
dann 1 + 3 = 4 => 4 Hundert,
3 + 4 = 7 => siebzig,
4 + 7 = 11 => 1 Tausend,
7 + 1 = 8 => 8 Hundert,
1 + 8 = 9 => neunzig,
8 + 9 = 17 => sieben

Die Zahl der Nr. 22 ist 13 471 897.

13. Die Kubikwurzel berechnen

Um die Kubikwurzel zu berechnen verwenden Sie Tabelle 1:

$1^3 = 1$	$2^3 = 8$	$3^3 = 27$	$4^3 = 64$	$5^3 = 125$
$6^3 = 216$	$7^3 = 343$	$8^3 = 512$	$9^3 = 729$	

Nächste Hilfestellung ist die Verbindung zwischen der Zahl und der dritten Potenz der Einerziffer in Tabelle 2:

1 –> 1	2 –> 8	3 –> 7	4 –> 4	5 –> 5
6 –> 6	7 –> 3	8 –> 2	9 –> 9	

Um die zweistellige Zahl zu erraten, muss man im Kopf den genannten Potenzwert in zwei Teile aufteilen - von rechts nach links mit jeweils drei Stellen je Teil, wobei der linke Teil auch weniger als drei Stellen enthalten könnte.

Mit der Einerziffer des rechten Teiles findet man leicht mit Hilfe der Tabelle 2 die Einerziffer der Wurzel der gesuchten zweistelligen Zahl.

Die Zehnerziffer der Wurzel findet man mit dem linken Teil des Potenzwertes mit Hilfe der Tabelle 1.

Zum Beispiel nennt Ihnen jemand den Potenzwert 571787.

Sie teilen den Potenzwert in zwei Teile auf – den rechten Teil 787 und linken Teil 571.

Mit der Einerziffer 7 des rechten Teiles 787 finden sie mit Hilfe der Tabelle 2 die Einerziffer der dritten Wurzel, die gleich 3 ist.

Der linke Teil 571 des Potenzwertes befindet sich nach der Tabelle 1 zwischen den Potenzwerten 512 und 729. Deshalb ist die Zehnerziffer der gesuchten dritten Wurzel gleich 8.

Die dritte Wurzel aus dem Potenzwert 571787 ist also die zweistellige Zahl 83.

Bevor man seine Kenntnisse der dritten Wurzelberechnung den Freunden präsentiert, muss man sich die Tabellen merken und einige Proben durchführen.

14. Die fünfte Wurzel berechnen

Dazu braucht man sich nur die folgende Tabelle merken:

$1^5 = 1$	$2^5 = 32$	$3^5 = 243$	$4^5 = 1024$	$5^5 = 3125$
$6^5 = 7776$	$7^5 = 16807$	$8^5 = 32768$	$9^5 = 59049$	

Man muss sich noch merken, dass die Einerziffer der fünften Potenz gleich der Einerziffer der Zahl ist.

Um die zweistellige Zahl zu erraten, muss man im Kopf den genannten Potenzwert in zwei Teile teilen, von rechts nach links mit fünf Stellen (der Linke Teil kann weniger als fünf Stellen enthalten).

Mit der Einerziffer des rechten Teils findet man leicht mit der Hilfe der Tabelle die Einerziffer der Wurzel der gesuchten zweistelligen Zahl.

Die Zehnerziffer der Wurzel findet man mit dem linken Teil des Potenzwerts mit der Hilfe der Tabelle.

Zum Beispiel nennt Ihnen jemand den Potenzwert 254 803 968.

Sie teilen den Potenzwert in zwei fünfstellige Teile - rechten Teil 03968 und linken Teil 2548.

Mit der Einerziffer 8 des rechten Teiles 03968 finden sie mit Hilfe der Tabelle die Einerziffer der fünften Wurzel, die 8 ist.

Der linke Teil 2548 des Potenzwertes befindet sich nach der Tabelle zwischen den Potenzwerten 1024 und 3125. Deshalb ist die Zehnerziffer der gesuchten fünften Wurzel gleich 4.

Die fünfte Wurzel aus dem Potenzwert 254 803 968 ist die zweistellige Zahl 48.

9 Zahlenrätsel (Kryptogramme)

Aufgaben

Ein Zahlenrätsel oder Kryptogramm ist eine mathematische Gleichung unbekannter Zahlen, deren Ziffern durch Buchstaben ersetzt wurden. Das Ziel ist es, den Wert jeden Buchstabens zu finden. Die Gleichungen basieren dabei gewöhnlich auf einfachen arithmetischen Operationen wie Addition, Subtraktion, Multiplikation oder Division

Welche Zahlen von 0 bis 9 lassen sich für Buchstaben einsetzen, damit eine korrekte arithmetische Aufgabe entsteht?

In den Aufgaben entspricht jeder Buchstabe einer Zahl und zwei verschiedenen Buchstaben entsprechen zwei verschiedenen Zahlen.

Der erste Buchstabe eines Wortes entspricht nie der Zahl 0.

Für Multiplikation wird Symbol „x" verwendet.

Einige Zahlen in Ausdrücken sind mit Sternchen * gekennzeichnet.

1. Hauptstadt

$(B+E+R+L+I+N)^4 = BERLIN$

2. Lieblingstrink

COCA + COLA = PEPSI

3. Winkelfunktionen

SINUS + SINUS + COSINUS = TANGENS

4. Blöd

BLÖD + KUH = DUMM

5. Märchen

$(H-Ä+N+S-E+L)^2 = G+R+E+T+E+L$
und
$H+Ä+N+S+E+L = G+R+E+T+E+L$

6. Kater, Maus und Tiger

KATER + MAUS + MAUS = TIGER

7. Maus und Haus

MAUS + HAT + KEIN = HAUS

8. Oder, Elbe und Rhein

ODER + ELBE = RHEIN

9. Nix mal Nix

$$\frac{\text{NIX x NIX}}{\begin{array}{r}***N \\ **I \\ ***X \\ \hline ***N*X \end{array}}$$

10. Eins mal Eins

$$\frac{\text{EINS x EINS}}{\begin{array}{r}****S \\ ****N \\ ****I \\ ****E \\ \hline *E*EE**E \end{array}}$$

11. AAA mal AAA

AAA x AAA = A***A

12. AB mal CD

a) AB x CD = BBB
 oder
b) AB x CD = DDD

13. ABC mal DE

$$\begin{array}{r} \text{ABC x DE} \\ \hline *** \\ *** \\ \hline \text{EEA*} \end{array}$$

14. Eins mal fünf

EINS x 5 = FÜNF

Lösungen

1. Hauptstadt

BERLIN = 390625

$(3+9+0+6+2+5)^4 = 25^4 = 390625$

2. Lieblingstrink

Es gibt zwei Lösungen:

1) COCA = 8583, COLA = 8543, PEPSI = 17126

8583 + 8543 = 17126

2) COCA = 9093, COLA = 9053, PEPSI = 18146

9093 + 9053 = 18146

3. Winkelfunktionen

SINUS = 58725

COSINUS = 3958725

TANGENS = 4076175

58725 + 58725 + 3958725 = 4076175

4. Blöd

Es gibt zwei Lösungen:

1) BLÖD = 2843, KUH = 756, DUMM = 3599

2843 + 756 = 3599

2) BLÖD = 1852, KUH = 647, DUMM = 2499

1852 + 647 = 2499

5. Märchen

HÄNSEL = 876031
GRETEL = 953431

Zahlen eingesetzt in Aufgabengleichung:
$(8 - 7 + 6 + 0 - 3 + 1)^2 = 9 + 5 + 3 + 4 + 3 + 1$
$5^2 = 25$

und:
$8 + 7 + 6 + 0 + 3 + 1 = 9 + 5 + 3 + 4 + 3 + 1$
$25 = 25$

6. Kater, Maus und Tiger

KATER = 64821, MAUS = 9450, TIGER = 83721
$64821 + 9450 + 9450 = 83721$

7. Maus und Haus

Es gibt acht Lösungen mit H = M + 2:
1) MAUS = 7436, HAUS = 9436
a) HAT = 948, KEIN = 1052, $7436 + 948 + 1052 = 9436$
b) HAT = 942, KEIN = 1058, $7436 + 942 + 1058 = 9436$

2) MAUS = 7463, HAUS = 9463
a) HAT = 948, KEIN = 1052, $7463 + 948 + 1052 = 9463$
b) HAT = 942, KEIN = 1058, $7463 + 942 + 1058 = 9463$

3) MAUS = 7536, HAUS = 9536
a) HAT = 958, KEIN = 1042, $7536 + 958 + 1042 = 9536$
b) HAT = 952, KEIN = 1048, $7536 + 952 + 1048 = 9536$

4) MAUS = 7563, HAUS = 9563
a) HAT = 958, KEIN = 1042, 7563 + 958 + 1042 = 9563
b) HAT = 952, KEIN = 1048, 7563 + 952 + 1048 = 9563

Hinweis: HAT + KEIN = 2000, H = M + 2

Und es gibt acht Lösungen mit H = M + 8:
1) MAUS = 1436, HAUS = 9436
a) HAT = 948, KEIN = 7052, 1436 + 948 + 7052 = 9436
b) HAT = 942, KEIN = 7058, 1436 + 942 + 7058 = 9436

2) MAUS = 1463, HAUS = 9463
a) HAT = 948, KEIN = 7052, 1463 + 948 + 7052 = 9463
b) HAT = 942, KEIN = 7058, 1463 + 942 + 7058 = 9463

3) MAUS = 1536, HAUS = 9536
a) HAT = 958, KEIN = 7042, 1536 + 958 + 7042 = 9536
b) HAT = 952, KEIN = 7048, 1536 + 952 + 7048 = 9536

4) MAUS = 1563, HAUS = 9563
a) HAT = 958, KEIN = 7042, 1563 + 958 + 7042 = 9563
b) HAT = 952, KEIN = 7048, 1563 + 952 + 7048 = 9563

Hinweis: HAT + KEIN = 8000, H = M + 8

8. Oder, Elbe und Rhein

Es gibt zwei Lösungen:
1) ODER = 7381, ELBE = 8428, RHEIN = 15809
7381 + 8428 = 15809

2) ODER = 9271, ELBE = 7437, RHEIN = 16708
9271 + 7437 = 16708

9. Nix mal Nix

NIX = **426**
426 x 426 = 181**476**

10. Eins mal Eins

EINS = **6824**
6824 x 6824 = **46566976**

11. AAA mal AAA

AAA = 111
111 x 111 = 12321

12. AB mal CD

a) AB = 37, CD = 21
    37 x 21 = 777
b) AB = 37, CD = 15
    37 x 15 = 555

13. ABC mal DE

ABC = 256, DE = 13
256 x 13 = 3328

14. Eins mal Fünf

EINS = 1049, FÜNF = 5245
1049 x 5 = 5245

10 Die Uhren

Aufgaben

1. Die Uhrschläge in 12 Stunden

Eine Uhr schlägt zu jeder vollen Stunde so oft, wie die Zahl auf der Uhr anzeigt.

Wie oft schlägt die Uhr in 12 Stunden?

2. Die Uhrschläge an einem Tag

Die Wanduhr schlägt zu jeder vollen Stunde so viele Male, wie die Zahl auf der Uhr anzeigt und noch 1 Mal zu jeder halben Stunde.

Wie viele Mal schlägt die Uhr insgesamt an einem Tag?

3. Wie spät war es?

Auf die Frage, wie spät es sei, antwortet ein Mann: „Die Hälfte der Zeit von Mitternacht bis jetzt entspricht drei Viertel der Zeit von jetzt bis Mittag" (12:00 Uhr).

Wie spät war es?

4. Die Treffzeit der Stunden- und Minutenzeiger

Die Uhr zeigt 12 Uhr mittags an.

Zu welchem nächsten Zeitpunkt liegen die Stunden- und Minutenzeiger übereinander?

5. Wann liegen die Stunden- und Minutenzeiger übereinander?

Die Uhr zeigt Mitternacht an.

Wie viele Male und in welchen Momenten bis zum nächsten Mittag liegen die Stunden- und Minutenzeiger übereinander?

6. Wann liegen die Stunden- und Minutenzeiger gegenüber?

Die Uhr zeigt Mitternacht an.

Wie viele Male und in welchen Momenten bis zum nächsten Mittag liegen die Stunden- und Minutenzeiger gegenüber?

7. Wie oft am Tag stehen die Stunden- und Minutenzeiger senkrecht?

Die Uhr zeigt Mitternacht an.

Wie oft an einem Tag stehen die Stunden- und Minutenzeiger senkrecht?

Lösungen

1. Die Uhrschläge in 12 Stunden

Die Anzahl der Schläge der Uhr in 12 Stunden beträgt:
1 + 2 + 3 + 4 + 5 + 6 + 7 + 8 + 9 + 10 + 11 + 12 = 78

oder:
12 * (12 + 1) / 2 = 78

2. Die Uhrschläge an einem Tag

Die Anzahl der Schläge der Uhr in 24 Stunden beträgt:
2 * (1 + 2 + 3 + 4 + 5 + 6 + 7 + 8 + 9 + 10 + 11 + 12) + 24 = 180

oder:
6 * 13 + 24 = 180

3. Wie spät war es?

Bezeichnet man mit x die Uhrzeit nach Mitternacht, ergibt sich die Gleichung:
½ * x = ¾ * (12 − x)

Die Lösung der Gleichung ergibt:
2x = 36 − 3x
5x = 36
x = 7,2

Die Uhrzeit war 7 Stunden 12 Minuten.

4. Die Treffzeit der Stunden- und Minutenzeiger

Der Minutenzeiger hat in einer Stunde die volle Umdrehung vollzogen und steht erneut auf der 12 Uhr und der Stundenzeiger steht auf der Stelle 1 Uhr.

Der schnelle Minutenzeiger muss jetzt den langsamen Stunden-zeiger einholen. Je Stunde läuft der Minutenzeiger einen vollen Kreis, der Stundenzeiger jedoch nur 1/12 eines Kreises.

Die Geschwindigkeit des Minutenzeigers ist 12-mal größer als die Geschwindigkeit des Stundenzeigers.

Man bezeichnet mit t die Zeit in Stunden bis sich der Stunden- und Minutenzeiger treffen, ausgehend vom Zustand 12:00 Uhr.

Eingesetzt in die Formel zur Berechnung eines zurückgelegten Wegs bei konstanter Geschwindigkeit und Zeit (Weg = Ge-schwindigkeit * Zeit), ergibt sich:
$12 * t = 1 * t + 12$
$11 * t = 12$
$\Rightarrow t = 12/11$ Stunden

Das bedeutet, die erste Treffzeit nach 12 Uhr ist um:
$t = 1h + (1/11)h = 1h + (60/11)Min = 1h + (5 + 5/11)Min$

Jedesmal nach 1 Stunde und $(5 + 5/11)$ Minuten treffen sich die Stunden - und Minutenzeiger.

Das erste Treffen der beiden Zeiger nach 12 Uhr ist um 1 Uhr und $(5 + 5/11)$ Minuten.

133

5. Wann liegen die Stunden- und Minutenzeiger übereinander?

Von Mitternacht bis zum nächsten Mittag liegen die Stunden- und Minutenzeiger 11 Mal übereinander:

1. Begegnung 1 Uhr   (5 +   5/11) Min.
2. Begegnung 2 Uhr   (10 + 10/11) Min.
3. Begegnung 3 Uhr   (16 +   4/11) Min.
4. Begegnung 4 Uhr   (21 +   9/11) Min.
5. Begegnung 5 Uhr   (27 +   3/11) Min.
6. Begegnung 6 Uhr   (32 +   8/11) Min.
7. Begegnung 7 Uhr   (38 +   2/11) Min.
8. Begegnung 8 Uhr   (43 +   7/11) Min.
9. Begegnung 9 Uhr   (49 +   1/11) Min.
10. Begegnung 10 Uhr (54 +   6/11) Min.
11. Begegnung 12 Uhr

Die 11. Zeigerbegegnung fällt auf den Mittag um 12 Uhr.

6. Wann liegen die Stunden- und Minutenzeiger gegenüber?

Damit der Minutenzeiger gegenüber vom Stundenzeiger liegt, muss er die Hälfte des Kreises einer Uhr vorauseilen. Deswegen richten wir unsere Überlegung auf einen Halbkreis aus 6 Teilen.

Man bezeichnet mit t die Zeit in Stunden bis sich der Stunden- und Minutenzeiger gegenüberliegen, ausgehend vom 12 Uhr Mitternacht.

Eingesetzt in die Formel zur Berechnung eines zurückgelegten Wegs bei konstanter Geschwindigkeit und Zeit (Weg = Geschwindigkeit * Zeit), ergibt sich:

$12 * t = 1 * t + 6$

11 * t = 6

=> t = (6 /11)h = (6 * 60/11)Min = (32 + 8/11)Min

Die erste Gegenüberstellung der beiden Zeiger nach Mitternacht ist um 12 Uhr und (32 + 8/11) Minuten.

Die Gegenüberstellung nehmen die Zeiger jeweils (32 + 8/11) Minuten nach jeder Begegnung ein.

In vorherigen Aufgaben haben wir berechnet, dass die Zeiger immer nach 1 Stunde und (5 + 5/11) Minuten übereinander liegen.

Damit die Zeiger also nach einer Begegnung gegenüber liegen, müssen zusätzlich (32 + 8/11) Minuten addiert werden.

Die zweite Gegenüberstellung ist 1 Stunde und (5 + 5/11) Minuten später, also um:
12 Uhr (32 + 8/11) Min. + 1 Stunden + (5 + 5/11) Min. =
1 Uhr (32 + 5 + (8 +5)/11) Min. = 1 Uhr (38 + 2/11) Min.

Jede weitere Gegenüberstellung der Stunden- und Minutenzeiger erfolgt 1 Stunde und (5 + 5/11) Minuten später.

Zeiten der Zeigergegenüberstellung:
1. Gegenüberstellung 12 Uhr (32 + 8/11) Min.
2. Gegenüberstellung 1 Uhr (38 + 2/11) Min.
3. Gegenüberstellung 2 Uhr (43 + 7/11) Min.
4. Gegenüberstellung 3 Uhr (49 + 1/11) Min.
5. Gegenüberstellung 4 Uhr (54 + 6/11) Min.
6. Gegenüberstellung 6 Uhr (00 + 0/11) Min.
7. Gegenüberstellung 7 Uhr (05 + 5/11) Min.
8. Gegenüberstellung 8 Uhr (10 +10/11) Min.
9. Gegenüberstellung 9 Uhr (16 + 4/11) Min.

10. Gegenüberstellung 10 Uhr (21 + 9/11) Min.
11. Gegenüberstellung 11 Uhr (27 + 3/11) Min.

7. Wie viele Male am Tag stehen die Stunden- und Minutenzeiger senkrecht?

Der Minutenzeiger überholt den Stundenzeiger innerhalb von 12 Stunden 11-mal. Die beiden Zeiger bilden dabei jeweils zwei 90° Winkel, der eine vor und der andere nach einer Umdrehung.

Die Zeiger bilden also in 12 Stunden 22-mal und damit in 24 Stunden 44-mal einen Winkel von 90°.

11 Die Schönheit der Zauberwelt der Zahlen

„Die ganze Zahlen hat der liebe Gott gemacht, alles andere ist Menschenwerk"

Deutscher Mathematiker Leopold Kronecker (1823-1891)

Dieses Kapitel ist eine interessante und liebevolle Betrachtung der Schönheit der Mathematik.

Die Einmaleins Multiplikation

$$1 * 1 = 1$$
$$11 * 11 = 121$$
$$111 * 111 = 12321$$
$$1111 * 1111 = 1234321$$
$$11111 * 11111 = 123454321$$
$$111111 * 111111 = 12345654321$$
$$1111111 * 1111111 = 1234567654321$$
$$11111111 * 11111111 = 123456787654321$$
$$111111111 * 111111111 = 12345678987654321$$

Die Multiplikation mit 8

$$1 * 8 + 1 = 9$$
$$12 * 8 + 2 = 98$$
$$123 * 8 + 3 = 987$$
$$1234 * 8 + 4 = 9876$$
$$12345 * 8 + 5 = 98765$$
$$123456 * 8 + 6 = 987654$$
$$1234567 * 8 + 7 = 9876543$$
$$12345678 * 8 + 8 = 98765432$$
$$123456789 * 8 + 9 = 987654321$$

Die Multiplikation mit 9

$$1 * 9 + 2 = 11$$
$$12 * 9 + 3 = 111$$
$$123 * 9 + 4 = 1111$$
$$1234 * 9 + 5 = 11111$$
$$12345 * 9 + 6 = 111111$$
$$123456 * 9 + 7 = 1111111$$
$$1234567 * 9 + 8 = 11111111$$
$$12345678 * 9 + 9 = 111111111$$
$$123456789 * 9 + 10 = 1111111111$$

$$9 * 9 + 7 = 88$$
$$98 * 9 + 6 = 888$$
$$987 * 9 + 5 = 8888$$
$$9876 * 9 + 4 = 88888$$
$$98765 * 9 + 3 = 888888$$
$$987654 * 9 + 2 = 8888888$$
$$9876543 * 9 + 1 = 88888888$$
$$98765432 * 9 + 0 = 888888888$$

$$12345679 * 9 = 111111111$$
$$12345679 * 18 = 222222222$$
$$12345679 * 27 = 333333333$$
$$12345679 * 36 = 444444444$$
$$12345679 * 45 = 555555555$$
$$12345679 * 54 = 666666666$$
$$12345679 * 63 = 777777777$$
$$12345679 * 72 = 888888888$$
$$12345679 * 81 = 999999999$$

Die Summe der Zahlen des Produkts bei Multiplikation mit 9

$$9 * 1 = 9$$
$$9 * 2 = 18 \ \dots\ 1 + 8 = 9$$
$$9 * 3 = 27 \ \dots\ 2 + 7 = 9$$
$$9 * 4 = 36 \ \dots\ 3 + 6 = 9$$
$$9 * 5 = 45 \ \dots\ 4 + 5 = 9$$
$$9 * 6 = 54 \ \dots\ 5 + 4 = 9$$
$$9 * 7 = 63 \ \dots\ 6 + 3 = 9$$
$$9 * 8 = 72 \ \dots\ 7 + 2 = 9$$
$$9 * 9 = 81 \ \dots\ 8 + 1 = 9$$
$$9 * 10 = 90 \ \dots\ 9 + 0 = 9$$
$$9 * 11 = 99 \ \dots\ 9 + 9 = 18 \ \dots\ 1 + 8 = 9$$
$$9 * 12 = 108 \ \dots\ 1 + 0 + 8 = 9$$
$$9 * 13 = 117 \ \dots\ 1 + 1 + 7 = 9$$
$$9 * 14 = 126 \ \dots\ 1 + 2 + 6 = 9$$
$$9 * 15 = 135 \ \dots\ 1 + 3 + 5 = 9$$

usw.

Die quadratischen Zahlen

$$1 + 2 + 1 = 4 = 2^2$$
$$1 + 2 + 3 + 2 + 1 = 9 = 3^2$$
$$1 + 2 + 3 + 4 + 3 + 2 + 1 = 16 = 4^2$$
$$1 + 2 + 3 + 4 + 5 + 4 + 3 + 2 + 1 = 25 = 5^2$$

usw.

Die Bruchzahlen

$$121 = 22*22 / (1+2+1)$$
$$12321 = 333*333 / (1+2+3+2+1)$$
$$1234321 = 4444*4444 / (1+2+3+4+3+2+1)$$
$$123454321 = 55555*55555 / (1+2+3+4+5+4+3+2+1)$$

Die Summe der n+1 Zahlen, die mit n^2 anfangen, ist gleich der Summe der folgenden n Zahlen

$$1 + 2 = 3$$
$$4 + 5 + 6 = 7 + 8$$
$$9 + 10 + 11 + 12 = 13 + 14 + 15$$
$$16 + 17 + 18 + 19 + 20 = 21 + 22 + 23 + 24$$
$$25 + 26 + 27 + 28 + 29 + 30 = 31 + 32 + 33 + 34 + 35$$
$$36 + 37 + 38 + 39 + 40 + 41 + 42 = 43 + 44 + 45 + 46 + 47 + 48$$
$$\cdots\cdots\cdots$$
$$n^2 + (n^2+1) + \ldots + (n^2+n) = (n^2+n+1) + (n^2+n+2) + \ldots + (n^2+2n)$$

Die Summe der ungeraden Zahlen und die kubischen Zahlen

$$1 \ = \ 1 = 1^3$$
$$3 + 5 \ = \ 8 = 2^3$$
$$7 + 9 + 11 \ = \ 27 = 3^3$$
$$13 + 15 + 17 + 19 \ = \ 64 = 4^3$$
$$21 + 23 + 25 + 27 + 29 \ = \ 125 = 5^3$$
$$31 + 33 + 35 + 37 + 39 + 41 = 216 = 6^3$$

usw.

Die Summe der kubischen Zahlen und das Quadrat der Summe der Zahlen

$$1^3 \ = 1 \ = 1^2$$
$$1^3 + 2^3 = 9 = 3^2 = (1 + 2)^2$$
$$1^3 + 2^3 + 3^3 = 36 = 6^2 = (1 + 2 + 3)^2$$
$$1^3 + 2^3 + 3^3 + 4^3 = 100 = 10^2 = (1 + 2 + 3 + 4)^2$$
$$1^3 + 2^3 + 3^3 + 4^3 + 5^3 = 125 = 15^2 = (1 + 2 + 3 + 4 + 5)^2$$
$$1^3 + 2^3 + 3^3 + 4^3 + 5^3 + 6^3 = 441 = 21^2 = (1 + 2 + 3 + 4 + 5 + 6)^2$$

usw.

141

Literaturverzeichnis

1. Robert Müller–Fonfara: Mathematische Denkspiele, Condrom 1997

2. M. Gartner: Mathematische Tricks, Verlag Vieweg, Braunschweig/Wiesbaden, 1980

3. Hermann Schubert: Mathematische Mussestunden, de Gruyte, 1964

4. B. A. Kordemski: Köpfchen, Köpfchen! Mathematik zur Unterhaltung. Urania-Verlag, Leipzig/Jena/Berlin 1959

5. Yakov I. Perelman: Unterhaltsame Mathematik, Staatlicher Verlag für physikalische und mathematische Literatur, Moskau, 1962

6. S. N. Olechnik, J. V. Nesterenko, M. K. Potapov: Altertümliche unterhaltliche Aufgaben, Nauka, Moskau, 1988

7. E. I. Ignatjev: Sammlung zur Mathematik, Im Reich des Einfallsreichtums oder Arithmetik für alle, Rostow, 1995